SV

Sonderdruck
edition suhrkamp

Michel Serres

Das Verbindende

Ein Essay über Religion

Aus dem Französischen von Stefan Lorenzer

Suhrkamp

Die französische Originalausgabe dieses Buches erschien 2020 unter dem Titel
Relire le relié bei Éditions Le Pommier/Humensis (Paris).

Erste Auflage 2021
edition suhrkamp
Sonderdruck
Deutsche Erstausgabe

Umschlagabbildung: Hufeisenbögen in der Gebetshalle
der Kathedralmoschee von Córdoba
Satz: Satz-Offizin Hümmer GmbH, Waldbüttelbrunn
Druck: CPI books GmbH, Leck
Umschlag gestaltet nach einem Konzept
von Willy Fleckhaus: Rolf Staudt
Printed in Germany
ISBN 978-3-518-03602-0

Inhalt

Vorbemerkung

Das Verbindende ist das letzte Buch von Michel Serres. Er hat wohl sein Leben lang an ihm gearbeitet. Dieses großartige Buch noch einmal durchzusehen, blieb ihm freilich keine Zeit mehr. Am Vorabend seines Todes hat er es mir geschickt und mich gebeten, es zu veröffentlichen. Mit der größten Freude komme ich dieser Bitte nach.

Sophie Bancquart

Für Marie-Laure Durand,
versprochen ist versprochen.
In Anerkennung und Freundschaft

Für Suzanne,
Inbegriff der Heiligkeit

Vorwort

> Da brachten die Schriftgelehrten und die Pharisäer eine Frau, die beim Ehebruch ertappt worden war. Sie stellten sie in die Mitte und sagten zu ihm: Meister, diese Frau wurde beim Ehebruch auf frischer Tat ertappt. Mose hat uns im Gesetz vorgeschrieben, solche Frauen zu steinigen. Was sagst du? Mit diesen Worten wollten sie ihn auf die Probe stellen, um einen Grund zu haben, ihn anzuklagen. Jesus aber bückte sich und schrieb mit dem Finger auf die Erde. Als sie hartnäckig weiterfragten, richtete er sich auf und sagte zu ihnen: Wer von euch ohne Sünde ist, werfe als Erster einen Stein auf sie. Und er bückte sich wieder und schrieb auf die Erde. (Johannes 8,3-8)

Selbstverständlich hat die Frau alleine Ehebruch begangen, und so sind die Männer sich einig: Sie muss gesteinigt werden. Die Gewalt innerhalb der Gruppe kehrt sich gegen das Individuum. Anders gesagt: Das Menschenopfer *verbindet* die Mörder untereinander.

Bevor er antwortet und ihr vergibt, bückt sich Jesus, um etwas auf die Erde zu schreiben. Als wollte der Evangelist in seinem Bericht unter seiner Schrift eine zweite, die Schrift Jesu, erkennen lassen, so wie ein Palimpsest einen Schriftzug zeigt und einen anderen unter ihm verbirgt. Müssen wir den einen *wiederlesen*, um den anderen zu entziffern?

Der Begriff *Religion*, sagen die Sprachwissenschaftler, hat zwei Ursprünge, einer wahrscheinlicher als der andere: *relegere* – »wiederlesen«, »überdenken« – und *religare* – »verbinden«, »binden«. Dieses Buch wird beharrlich die Texte *lesen*, um eines Tages vielleicht den einen *wiederlesen* zu können, den Jesus auf die Erde schrieb. Und es wird jene zwei Bedeutungen zueinander in Beziehung setzen, wie es hier der Bericht des Johannes tut: Steht in ihm nicht zu *lesen*, dass Jesus, indem er dem Opfer vergibt, ohne die Henker zu richten, *das Band löst*, das die Männer in ihrem schändlichen Einverständnis miteinander *verbindet*?

Dieses Buch versucht eine Antwort auf diese Frage zu geben.

I.
Hotspots, Scheitelpunkte
Vertikale Verbindung

Das Verbindende. Erste Lesung: Erde und Himmel

Seit ein wohlwollender Lehrer mich in das Geheimnis der Unbekannten X einweihte und mir dadurch die Abstraktion erschloss, seit er mich über ihre mitunter erstaunlichen praktischen Anwendungsmöglichkeiten aufklärte, glaube ich an die Existenz einer virtuellen, unsichtbaren, formalen Welt, die zudem denkbar vielschichtig ist – habe ich sie doch später in verwandelter Form nicht nur im Recht, in der Medizin oder den schönen Künsten wiedergefunden, sondern auch im privaten oder öffentlichen Leben. Nein, ich täusche mich, ich glaube nicht nur an sie, ich sehe sie, wie alle anderen auch, und ich bin in sie eingetaucht, ich habe einen Teil meines Lebens in ihr verbracht.

Ich beginne mit der Mathematik, da Köpfe, denen ihre erhabene Praxis fremd bleibt, die nicht mit ihr gerungen und ihre Unnahbarkeit, ihre freischwebende Abstraktion ebenso erfahren haben wie ihren ganz realen Nutzen, sich schwerer tun, jenes virtuelle Universum wahrzunehmen, das weit davon entfernt ist, sich unseren Gesetzen zu fügen. Nein, wir sind es, die seinen Gesetzen gehorchen, die wir denn auch weniger erfinden als vielmehr entdecken; und ohne sie würden uns die Gesetze dieser Welt, die sich auf wundersame Weise mit ihnen decken, auf immer verschlossen bleiben.

Was wären wir Menschen ohne diese Zweitwelt, die, so abwesend sie ist, unser Innerstes prägt, unsere Einbildungskraft beflügelt, unsere Wahrnehmung bereichert, unsere Beziehungen formt, Gruppen mobilisiert und uns mit ihrer sprichwörtlichen Effizienz das Dasein und die Arbeit weniger beschwerlich macht? Wären wir ohne sie überlebensfähig? Ist es am Ende das, was uns von unseren tierischen Geschwistern unterscheidet – dass wir uns ihrer bewusst sind und sie auf alle erdenklichen Weisen nutzen? Liegt in diesem Virtuellen, so filigran aufgefächert wie ein Farbspektrum, das Wesen oder die Stärke des Menschen beschlossen?

Seit unsere Vorfahren begannen, Tiere und Zeichen an Höhlenwände zu malen, seit sie die Darstellung erfanden, die Repräsentation, die – *Dies ist kein Tier* – die Differenz von Anwesenheit und Abwesenheit schon im Namen trägt, seit andere Ahnen, zum Beispiel auf der Schwäbischen Alb, im Jungpaläolithikum, vor vierzigtausend Jahren, einen Löwenmenschen schufen, den all die Fetischgötter mit zwei Körpern seiner Unwahrscheinlichkeit zum Trotz von den Ägyptern bis zu den Azteken immer wieder nachbilden sollten, seither also tat sich eine andere Welt auf, mythisch, abgekehrt, formal, imaginär, ästhetisch, symbolisch ... Ich weiß nicht, wie ich sie charakterisieren soll, aber sie ist jedenfalls verschieden von der, die Gegenstand unserer unmittelbaren Wahrnehmung ist und unseren Bemühungen trotzt. Und als die artikulierte Sprache auf den Plan trat, brachten ihre Bezeichnungen den Schnittpunkt zwischen dieser unserer Welt und einer sie transzendierenden Kategorienwelt zum Ausdruck.

Plastisch, geschmeidig, fließend, unbeständig, mitunter auch dicht und durchsichtig wie ein Diamant, nimmt diese andere Welt von Ort zu Ort vielfältige Gestalten mit ganz unterschiedlichen Geschichten an.

Die meisten die Erde bevölkernden Arten legen über alle Breitengrade hinweg ein mehr oder weniger ähnliches Verhalten an den Tag, während sich unsere Kulturen, Sprachen, Konventionen oder Verträge binnen kürzester Distanzen und unter vergleichbaren klimatischen Bedingungen oft erheblich unterscheiden. Zudem entwickeln sie sich derart, dass auch aufeinanderfolgende Generationen ein und desselben Kollektivs sich oft nicht weniger als jene Nachbarn voneinander abheben. Die Kultur folgt der Natur in einer Art Exodarwinismus, der Mutationen und Selektionen rascher und mit größerer Anpassungsfähigkeit ablaufen lässt als die Evolution des Lebens selbst. Wenn der Frühling kommt, legen wir die Mäntel schneller ab, als uns die Haare ausfallen. Mitunter bestimmt diese formale Welt unseren unmittelbaren praktischen Umgang mit den wahrgenommenen Dingen und erlaubt es uns, besser mit ihnen zu leben, ja sie effizienter zu nutzen.

Feuerstelle, Brandherd

Frage: Ist die vom Religiösen heraufbeschworene spirituelle Welt nur eine unter anderen, von denen noch die Rede sein wird? Oder ist sie aufgrund ihres frühen Auftretens und ihrer universalen Verbreitung in allen Kulturen der Stamm, von dem andere Virtualitäten abzweigen, die heiße Quelle, der gegenüber alles ihr Entsprungene schon erkaltet ist? Manchmal neige ich zu dieser Hypothese. Jene anderen Virtualitäten mögen oft leuchten wie das Licht auf einer durchsichtigen Eisscholle, und auch das Religiöse leuchtet, ja, aber es leuchtet nicht nur, es brennt lichterloh. Es ist Licht, gewiss, aber zweifellos auch Energie. Auch andere Virtualitäten drohen freilich Brände zu entfachen und um sich greifen zu lassen. Die Hitze der religiösen Flamme ist schöpferisch, sie sorgt für Emergenz, für zahllose unverhoffte Hervorbringungen, aber sie schürt manchmal auch die furchtbarste Gewalt. Heilig, *sanctus*, ja, aber auch sakral, *sacer*, hat diese Flamme zahllose Mordopfer gefordert. Ohne dieses Feuer hätten die Religionen niemals der Unscheinbarkeit ihrer Anfänge zum Trotz über Jahrtausende so zahlreiche Anhänger rekrutieren können. Ob diese Hypothese wahr oder falsch ist, ich weiß es nicht, oft zweifle ich an ihr, aber das allein ist es wert, diese Welten miteinander zu vergleichen. Darum geht es in diesem ersten Teil.

Die andere Welt

Beweise für die Existenz virtueller Welten drängen sich allenthalben auf. Unsichtbar, abwesend und doch unverzichtbar, sind mathematische Gesetzlichkeiten in der Lage, alles Erdenkliche zu entschlüsseln. Weshalb können wir Signalen, in denen sich Wellen überlagern, einen Sinn verleihen? Woraus erwächst das Vertrauen in unsere Verträge? Weshalb leben wir so häufig im Imaginären, in Einbildungen, Träumen, Erinnerungen oder in den Hoffnungen, die wir in unsere Vorhaben setzen? Gäbe es diese unsere Menschenwelt, hier und jetzt, wenn es nicht jene andere gäbe, ohne die wir sie gar nicht verstehen und nicht effizient in ihr arbeiten könnten? Aber wo genau befinden sie sich, die Gleichungen und Algorithmen, die Dreiecke und Polyeder? Zeigen Sie mir ihren Sitz oder ihre Stätte.

Manchmal also manifestiert sich die Existenz dieser anderen Welt, so abstrakt, virtuell, bloß möglich sie sein mag, in dieser Welt, manchmal bricht sie jäh über sie herein an einzigartigen Brennpunkten, die, einmal erkaltet, so lange überdauern, dass ihre Spuren die historische Zeit transzendieren. Nennen wir sie Hotspots.

Feuer

Tatsächlich können wir inzwischen die Stellen ausmachen, an denen, hie und da intensiver, das unter den tektonischen Platten liegende Feuer an die Oberfläche drängt und zu Ausbrüchen führt, wie auf La Réunion oder Hawaii, oder zu erkalteten Ablagerungen, wie man sie auf den Malediven oder im Dekkan-Trapp sieht. Das sind die Stellen, die Geologen als »Hotspots« bezeichnen.

Wir kartografieren auch die zahlreichen Orte, an denen Meteoriten auf der Erde eingeschlagen sind, wie in Sibirien oder auf der mexikanischen Yucatán-Halbinsel. Plötzlich treten Kosmos oder Untergrund in Kontakt mit unserem Boden, der sich entzündet, um Lava, Vulkanbomben, Vulkanwolken auszuspeien. Mitunter sind schwere nukleare Winter die Folge. Licht und Schatten, schöpferische und zerstörerische, in diesem Fall gewaltsam ausbrechende Energie.

»Hotspots« sollen also in diesem Buch die Orte heißen, an denen sich zuzeiten eine andere Welt in dieser manifestiert, konkrete Bilder des Kontakts mit jener anderen, virtuellen, intelligenten, spirituellen, inspirierenden – gefährlichen? – Realität.

Kleine Umrandung dieses Hotspots

Die Alten stellten sich vor, Jupiter schleudere zuweilen im Zorn Blitze von der Höhe des Olymps herab, die auf der Erde einschlugen. Auch die Gallier sollen befürchtet haben, es könnten unversehens Blitze auf ihre Häupter niedergehen. Die Latiner umgaben Stellen, an denen der Blitz eingeschlagen hatte, mit einer Einfassung aus Stein oder Bronze; so etwas wie ein Brunnenrand. Ihr Wort für dieses Bauwerk, *puteal*, spielt auf diese Ähnlichkeit an. Wie aber der Brunnen (*puteus*) eine unterirdische Quelle mit der Erdoberfläche in Verbindung setzt, so markiert das Puteal die Stelle, an der in einem gleißenden Kurzschluss Himmel und Erde in Kontakt getreten sind. Fürchteten die Alten, als sie das Blitzmal ummauerten, von diesem Punkt könnte wie von einem Stern eine gewaltige Energie ausstrahlen?

Im Lateinischen meint das Wort *puteal* beides, den Schacht und den Schornstein, zwei vertikale Verbindungen in einer, eine von unten und eine von oben, eine vom Wasser und eine vom Blitz geschaffen, zwischen einer anderen Welt und der unseren … Unter unseren Füßen die Erde, am Himmel das Feuer und schließlich, aus den Tiefen emporsteigend, das Wasser. Was die Luft angeht, so bezeichnet das Wort für die Seele, *anima*, die unsichtbar und körperlos ist, ihre Animation, ihre Beseelung durch einen Hauch. Bestehen die anderen Welten aus den gleichen Elementen wie die unsere?

Wassergeschichten

Rebekka schöpft wie jeden Abend Wasser für das Essen und die Tiere aus einem Wüstenbrunnen, als Isaak erscheint, den sie heiraten wird, in der Gestalt seines Dieners, eines durstigen Reisenden; und auch Rachel, die schön gewesen sein soll, schöpft Wasser am Brunnenrand, als Jakob des Weges kommt, seinerseits in fremder Gestalt. Beide trinken sie aus dem Krug, den die Frauen ihnen reichen, beide verloben sie sich mit der, die ihnen Wasser einschenkt. Aus den Brunnenschächten quillt Liebe und eine Nachkommenschar, so dicht wie eine Buchenkrone.

Generationen später wird am Rande eines solchen Brunnens eine Samariterin dem Menschensohn begegnen. Unsere Vorfahren, sagt Jesus zu ihr, haben aus diesem Brunnen getrunken und sind gestorben, ich aber reiche dir das Wasser, das ewiges Leben schenkt. Strahlenförmig geht von diesem Brunnen, der Wasser in Ambrosia verwandelt, die Auferstehung der Toten aus.

Feuergeschichten

Der von der Sonnenuhr geworfene Schatten diente weniger der Anzeige der Uhrzeit, der unsere Ahnen keine große Bedeutung zumaßen, als dazu, die Beziehung zwischen Himmelserscheinungen und irdischen Gegebenheiten in den Blick zu nehmen. Die Erfindung der Breitengrade etwa verdanken wir der Sonnenuhr. So war sie denn eher astronomisches Observatorium als Zeitmesser. *Gnomon* nannten die Griechen mit einem Wort, das in ihrer Sprache wie in unserer ans Wissen gemahnt, die senkrechte Achse, den das Sonnenlicht brechenden Schattenstab. Den ersten Blitzableiter?

Es geht also nicht um einen blitzartigen Kurzschluss, sondern um zwei: zwischen Sonne und Erde, im Spiel von Licht und Schatten, wie unsere Augen es sehen, vor allem aber zwischen einem materiellen senkrechten Stab und einem dekodierbaren Wissen, das man als Software bezeichnen kann. Kurzschluss zwischen dem Konkreten auf der einen, dem Abstrakten auf der anderen Seite, zwischen der Energie des Lichts und der Subtilität der Information. Ereignis, das einen Hotspot schafft.

Aus diesem Verhältnis von Licht und Schatten ergeben sich in der Tat Informationen über den Weltraum und die Weltzeit. Wir haben es mit einem der ersten Beispiele künstlicher Intelligenz zu tun: Warum sonst hätte man einen Metallstab *gnomon*, also »wissend«, nennen sollen? Die Sonne kommt auf die Erde herab, auf der sie mit ihrem Schatten Zeichen hinterlässt, ja eine Schrift, die entziffert werden will. Die Energie des Sonnenfeuers erzeugt eine Information.

Thales, heißt es, kam auf seinen Satz, indem er zu einer bestimmten Uhrzeit den Schatten, den eine der drei großen Pyramiden in Gizeh warf, mit dem eines aufrecht stehenden Menschen verglich. Im genauen Sinne »gnomonisch«, scheinen diese Erzählungen zu vergessen, dass jeder, der wann auch immer am Fuß der Cheops-Pyramide stand, in Chephren und Mykerinos zwei Vergleichsfiguren hätte sehen können. Es ist die Theorie der homothetischen Formen, also der gleichen Form in unterschiedlichen Größen, die hier sichtbare, konkrete, steinerne Gestalt annimmt. Sonnenuhren, sagt die Legende. Einwand: So leicht es ist, die Größe eines Menschen und die Länge des Schattens zu messen, den sein Körper und der Stab eines *gnomon* werfen, so sehr bleibt die Linie, die exakt durch die Mitte einer Pyramide verläuft, unter undurchdringlichen Steinmauern verborgen.

Um sie sichtbar zu machen, muss ein abstraktes Behältnis ersonnen werden, das Tetraeder, leer, ausgeleuchtet und durchsichtig. Es muss Sonnenlicht ins Dunkel der undurchdringlichen Pyramide gebracht werden. Der Ursprung der Geometrie ist also nicht allein der »gnomonischen« Darstellung von Licht und Schatten geschuldet, sondern einer ganz anderen Leistung. Er ereignet sich in dem Augenblick, da die Sonne sich in die blinde Materie hinabsenkt und sie durchdringt. Kann man sich vorstellen, wie viel Sonnenenergie erforderlich ist, um dem Stein seine Undurchdringlichkeit auszutreiben, kann man sie messen?

So sieht in konkreten Bildern die überwältigende, blendende Entdeckung des Abstrakten aus. Am Fuße der Cheops-Pyramide erschaut Thales den blendenden Kurzschluss zwischen dieser und einer anderen Welt: Wie ein Blitz durchdringt in der Erkenntnis der Homothetie das Sonnenlicht die Black Box des Steins. *Pyramide*, also Feuer, nannten denn auch die Griechen dieses Gebäude; und dort, wo er die Parallele zwischen den Elementen des Kosmos und den abstrakten Polyedern beschreibt, bezieht Platons *Timaios* das Feuer auf das Tetraeder, das heißt auf die Pyramide: In ihr kommt es auf die Erde. Brauchte es also ein Puteal, das einen Hotspot einfasst, um durch einen Satz, der die Jahrtausende überdauern sollte, die Geometrie ins Leben zu rufen?

Platon ist es auch, der später sagt, kein stets nur approximatives Messen werde je zu den idealen Formgesetzen der Geometrie vordringen – anders als die Raumgeometrie, die Erfindung der regulären Polyeder, von denen er zum ersten Mal zeigen kann, dass es ihrer nur fünf gibt. Es muss also eine Sonne diese schwarzen Körper durchdringen und entleeren!

Wasser und wieder Feuer

Eine weitere griechische Legende erzählt vom Schiffbruch des Hippasos von Metapont, den die Pythagoreer beschuldigten, das von der Bruderschaft sorgsam gehütete Geheimnis verraten zu haben: die peinliche, aber unvermeidliche Entdeckung jener irrationalen Längen und Zahlen, deren unendliche Entfaltung den

Gleichmut des *logos* störte, also Vernunft, Maß und Proportion aus dem Lot brachte. Sollen wir den Untergang auf hoher See, das Versinken in dem gerade besichtigten Schacht als Strafe Gottes oder als kollektiven Lynchmord begreifen?

Griechischer Herkunft ist auch die Legende, die von der Großtat des Archimedes zu berichten weiß, dessen Brennspiegel im 3. Jahrhundert vor Syrakus die römischen Galeeren in Flammen aufgehen ließen – ein im Wortsinn blitzartiger Übergang von der optischen Geometrie zur todbringenden Schlacht, die Menschen in Fackeln verwandelt, vom *gnomon* zum Massaker. Rückkehr von der Information zur Energie, Ausrichtung der Energie auf die Gewalt.

Ich wandere weiter auf der Insel Sizilien umher, um zunächst Empedokles zu begegnen, einem der ersten Physiker, der sich, wie eine weitere Legende es will, durch einen Kratersturz in den Ätna entleibt haben soll, und schließlich Ettore Majorana, dem italienischen Kernphysiker, der mehr als zwanzig Jahrhunderte später unter rätselhaften Umständen verschwand, keiner weiß wohin, zweifellos erschrocken über die Aussicht, das quasi solare Feuer der Atombombe in Händen zu halten. Zweiter Übergang von der Physik zur Massenvernichtung, vom erfinderischen zum zerstörerischen Puteal, vom Abstrakten zum Konkreten, von der Information zur Energie und schließlich zur Gewalt: Vulkan, Brennspiegel, hellsichtige und blinde Ankündigung Hiroshimas …

Drei Hotspots, die das Dreieck Siziliens als maßstabsgetreues Modell unserer Welt und ihrer Geschichte ausweisen. Sind wir heute im Begriff, unsere Welt in einen Hotspot zu verwandeln? Lange haben wir geglaubt, die Feuer der Wissenschaft erzeugten weniger Gewalt als die der Religion. Wir haben uns, ich habe mich geirrt.

Mathematische Physik

So hartnäckig die Legende sich hält – weder Kopernikus noch Galilei haben den Beweis für die Realität des heliozentrischen Systems beibringen können, der vielmehr von der Relativität der Bewegung vereitelt wurde. Darin haben Pascal, Descartes und Leibniz recht behalten, die übereinstimmend die schon von Astronomen der griechischen Antike vorgebrachten Hypothesen als gleichwertig betrachteten. Erst als James Bradley 1725 das Phänomen der sogenannten »Aberration des Lichts« entdeckte, ließ sich mit Gewissheit behaupten, dass die Sonne im Zentrum der Planetenwelt stand. Und danach erst konnte Immanuel Kant den Ausdruck »kopernikanische Wende« erfinden und so die Zurückdatierung der Wahrheit in Gang setzen, der jene Legende entsprang.

Galileis wahre Erfindung, und sie ist entscheidend, war der Zusammenhang, den er zwischen Mathematik und Erfahrung herstellte. Den Griechen, die darum keine exakte Wissenschaft von der Welt kannten, war deren Schnittpunkt verborgen geblieben. Galilei dagegen setzt Gleichung und Versuchsanordnung zueinander in Beziehung. Durch einen so blendenden wie fruchtbaren Kurzschluss zwischen einer virtuellen und formalen Welt auf der einen sowie der wirklichen und wahrnehmbaren Welt auf der anderen Seite kündigt er die moderne Wissenschaft an. So bricht in seiner mathematischen Physik ein Hotspot auf.

Was in dem gegen Galilei angestrengten Prozess in Wahrheit auf dem Spiel stand, hat Alexandre Kojève auf den Begriff gebracht. Galilei erfindet tatsächlich die mathematische Physik, die auf dem Kontakt, dem Kurzschluss einer konkreten, in dieser Welt erprobten Erfahrung mit einer seit Jahrhunderten bekannten, in einer virtuellen, reinen und abstrakten Welt schwebenden Gleichung beruht. Seine Erfindung ist, was Einstein ein Wunder nennen wird und was ich als Hotspot bezeichne: Allein die Mathematik kann, so formal, virtuell oder abwesend sie sein mag, die Wirklichkeit als solche entschlüsseln, ist diese doch, so Galilei, in ihrer Sprache geschrieben.

Die römische Kirche aber lehrte die Inkarnation Jesu Christi, den in blendendes, die christliche Wahrheit überbringendes Licht getauchten Kurzschluss zwischen dieser wirklichen, leibhaftigen Welt und einem unwiderruflich von ihr getrennten Reich. Ein Hotspot, wenn es je einen gab. Hat Galilei der Kirche durch eine entsprechende Geste das Dogma entwendet? Ist es das, was dem Prozess gegen ihn sein Gewicht verleiht? Der von mir gesuchte Bezug zwischen dem dogmatischen Puteal und einem gleichartigen, diesmal der mathematischen Physik geschuldeten Kurzschluss? So unvorhersehbar und unfassbar sie sind – gibt es etwas, das diese zwei Kontaktstellen zwischen Immanenz und Transzendenz, diese beiden Hotspots miteinander verbindet?

Das Universum der physikalischen Gesetze verweist

auf die Mathematik in ihrer Gesamtheit, auf Geometrie, Topologie, Algebra, Zahlen- und Algorithmentheorie, Wahrscheinlichkeitsrechnung ... Die Vielfalt jener Gesetze zeichnet eine Art Schattenriss dieser, der Mathematik. Eine Erfindung schließt also einen genau umschriebenen mathematischen, virtuellen Ort mit einem bestimmten Phänomen der wirklichen Welt kurz; sie spinnt einen Faden aus jenem Gewebe, das, virtuell zumindest, Gleichungen und Erfahrungen verknüpft. Dieser Kurzschluss erzeugt, noch einmal, einen Hotspot.

Kojève behauptet, die mathematische Physik sei im Kontext der Inkarnation entstanden (habe nur in ihm entstehen können?). Dieser Teil des Buchs beleuchtet unter anderem diese Intuition. Pascal findet zu ihr auf seiner Suche nach dem Fixpunkt: Kein Wissen, und sei es das strengste, vermag diesen Halt zu bieten, nichts und niemand außer Jesus Christus selbst, Punkt oder Zentrum, zu dem alles hinstrebt. Die Gesamtheit der Wissenschaften kreist um diese Sonne.

Dass es eine andere Welt als die unsere gibt, das ist die Gewissheit. Dass eine aber älter als alle anderen ist, erweist sie keinesfalls – *post hoc sed non propter hoc* – als deren Ursache, als Quelle, der alle anderen entspringen, oder als den Stamm, aus dem sie hervorgehen.

Diese heiße Quelle dennoch ernst nehmen?

Die Dinge, mit denen wir umgehen, die Ideen, die wir bilden, die Organisationen, die wir ins Leben rufen –

können sie als Formationen, als Ablagerungen gelten, erkaltet in mehr oder weniger großem räumlichen oder zeitlichen Abstand von einer untergründigen Glut: Puzzolane verschiedener Gestalt und Größe, Staubsedimente und -verwehungen, massive ungestalte vulkanische Bomben, Konkretionen aller Art, Ausgeburten eines anfänglichen, sei's unterirdischen und permanenten, sei's himmlischen und selteneren Feuers, das hie und da Aerolithe auf die Erde niedergehen lässt? Wie sollen wir diese Brandherde anders als dadurch charakterisieren, dass wir sie religiös nennen?

Zwei Grenzbeispiele

Individuelles Beispiel: Der Mystiker verzehrt sich im inneren, im verinnerlichten göttlichen, im auf die Erde gebrachten prometheischen, im schöpferischen, erleuchtenden, lichtbringenden Feuer – ja, Gottes Werke werden aus der Hitze geboren, aus jenem Urnebel, dem ungeheuren Big Bang der Energie, der die Mystiker zu ihren bewundernswerten Übungen anspornt, dessen intensive Flamme aber auch Häretiker und Hexen verbrennen oder erbitterte Konflikte hervorrufen kann. Wir leben zwischen zwei Feuern, dem einen, das Sonne oder Sterne im Raum verbreiten, und dem anderen, das aus den chthonischen Tiefen dringt, zwischen Höllen- und Himmelsfeuer. Erinnern wir uns noch einmal des alten in den Krater oder Hotspot des Ätna hinabgestürzten Empedokles, der das Doppelgesetz von Liebe und Hass ersann.

Kollektive Beispiele: Wie geht die Politik aus diesem Feuer hervor? Mobilisiert die *weltliche* oder *säkulare* Macht ihre *Energie auf entropischem Niveau*, auf dem der Macht und des Todes: Hierarchien, Gewalt, Kriege, so häufig, dass sie die Geschichte beherrschen? Während die sogenannte *spirituelle* oder *geistliche* Macht ihm die subtile und rare *Information* abgewinnt?

Die Ideen der Nation oder des Vaterlandes, die eine so formal und erhaben wie die andere und beide fähig, die Massen zu *verbinden*, indem sie von jedem einzelnen ihrer Kinder fordern, sein Leben für sie zu geben – unterscheiden sie sich wirklich von den imaginären und grausamen Göttinnen und Göttern, die den Enthusiasmus und die Bereitschaft ihrer Adepten wecken, für sie in den Tod zu gehen? Ein und dieselbe heiße Quelle, aber so unterschiedliche Konkretionen, dass man zögert, sie in einem Atemzug zu nennen.

Wie gehen die Religionen selbst aus diesem Feuer hervor? Indem sie die weltlichen Kardinäle von den geistlichen und mystischen Mönchen und Nonnen unterscheiden. Und die Wissenschaften? Indem sie Minister und Rektoren den Forschern, den einsamen Erfindern gegenüberstellen. Stets die mit ihrer Entropie einhergehende Energie auf der einen, die subtile, rare, verschwiegene, lautlose Information auf der anderen Seite.

Diese Hotspots auszuloten, durch das unbegreifliche Dickicht von Mythen zu dringen, die von so tiefem Dunkel sind, dass es uns nicht ganz geheuer ist, uns von ihnen aufklären zu lassen; und jenen merkwürdigen Kristallisationsprozess zu begreifen, das ist die abenteuerliche Hoffnung dieses Buchs.

Drei Neuerungen

Wenden wir uns solchen Mythen zu. Antiken Legenden. Midas, dem König von Phrygien, einem Nachbarland von Lydien, hatte Dionysos die Gabe verliehen, alles, was er berührte, in Gold zu verwandeln. Aber nicht lange, und der König verwünschte dieses Talent. Beim ersten Mahl schon wurde in seinen Fingern, zwischen seinen Lippen alles zu Metall. Midas drohte zu verhungern und zu verdursten und flehte den Gott an, ihn von seiner neuen Macht zu befreien. Auf dessen Geheiß hin badete er in dem Fluss, der durch sein Reich floss. Nach diesem königlichen Bad führte der Fluss Gold und wurde Paktolos genannt.

Gyges, König des benachbarten Lydien, war von Geburt an Hirte. Eines Tages riss ihm ein Schaf aus. Er überließ die Herde sich selbst und zog auf der Suche nach dem verirrten Tier durchs Land. Am Fuße eines Felsens angekommen, stieß er auf eine Spalte und zwängte sich hindurch. Eine Art Schacht führte ihn hinab bis zu einem Grab, in dem ein Leichnam lag, nackt, mit einen Ring am Mittelfinger. Gyges nahm den Ring an sich, und die Erzählung schweigt darüber, ob er sein Tier wiederfand. Später, unter anderen Hirten, drehte er gedankenverloren am Aufsatz des Rings und wurde, o Wunder!, unsichtbar. Dieser Vorteil erlaubte es ihm, in das Schloss einzudringen, die Königin zu verführen, den König zu töten und sich am Ende der Krone zu bemächtigen. Und der Hirte wurde König. Der letzte Herrscher Lydiens war der unermesslich reiche Krösus.

Historische Begebenheiten oder Mythen?

Erster Donnerschlag

Bildhaft bringen das sagenumwobene Leben und Wirken des Gyges, Midas und Krösus die historisch und archäologisch dokumentierte Tatsache zum Ausdruck, dass in Lydien um das 7. Jahrhundert vor Christus das Münzgeld aufkam. Geniale Erfindung, ließ sich doch durch Kauf, Verkauf oder Tausch tatsächlich alles zu Gold oder Geld machen, das seither als allgemeines Tauschmittel gilt. Und mehr noch: Das verborgene, quasi unsichtbare Vermögen des Geldes erlaubte es seinem Besitzer, überall mitzumischen, sich an Unternehmen zu beteiligen, Prinzessinnen zu erobern und sich jeder Macht zu bemächtigen. So wird man die zweifache *Legende wiederlesen* müssen: Der sich verwandelnde Midas und der unsichtbare Gyges verkörpern zwei virtuelle Tugenden des Geldes.

Nicht weit entfernt, in Milet, wurde im selben Jahrhundert, um 625 vor Christus der oben erwähnte Thales geboren, von dem eine vergleichbare Überlieferung uns sagt, er habe die Geometrie entdeckt. Weiter südlich, in Knidos, tat einige Zeit später mit Eudoxos die Algebra ihre ersten Schritte. Weiter nördlich, auf Samos, soll jener Pythagoras das Licht der Welt erblickt haben, dem wir dem Vernehmen nach einen berühmten mathematischen Satz verdanken. »Griechisches Wunder« wird Ernest Renan diese unsterblichen Erfindungen nennen. Und ganz in der Nähe überführte um das 5. Jahrhundert vor Christus auf der Insel Kos der berühmte Hippokrates, glaubt man der Überlieferung, die medizinische Praxis in eine rationale Wissenschaft.

In der gleichen Region gelang es den Phöniziern, ihr Alphabet, das spätestens im 8. Jahrhundert von den Griechen adaptiert wurde, ausgehend von Hunderten abstrakter Elemente immer weiter zu reduzieren, um zuletzt wie die unseren – das griechische, römische, hebräische, arabische oder kyrillische – nur noch zwanzig bis dreißig Buchstaben zurückzubehalten. So arbiträr und formal diese Festschreibungen waren, mit den verbliebenen Buchstaben lässt sich alles Erdenkliche bezeichnen.

Ein und dieselbe Flutwelle, deren Ursprung wir nicht kennen, deren Kraft und Höhe wir aber bewundern, hat also in Kulturen in und um Ionien, deren Blütezeit in das letzte Jahrtausend des Altertums fällt, das Geld, die Mathematik und das Basisalphabet aufkommen lassen. Drei Punkte, an denen in denkbar konkreten Akten drei virtuelle Welten Wirklichkeit werden – die des Vertrauens in Tauschakte, die der geometrischen Idealität und schließlich die der sprachlichen Konventionen. Wären wir, die Kinder dieser Zivilisationen, heute am Leben, hätte es nicht diese Errungenschaften gegeben, die so vergleichbar sind, dass man sie selten ausdrücklich miteinander in Verbindung bringt und ihre gemeinsame Blüte feiert? Welcher Kraftquelle entspringen diese Informationen?

Allgemeines Tauschmittel

Haben die drei Entdeckungen etwas miteinander gemein? Ja. Wer Gold oder Silber, also Geld hat, kann Nahrung, Kleider, Wohnraum, Hilfe im Haushalt oder Arbeitsstunden kaufen, verkaufen oder tauschen, eine unabschließbare Liste von Gütern, die nahezu unsere gesamten Bedürfnisse oder Wünsche abdeckt. Für sich genommen ohne den mindesten Wert, wiegt Geld als allgemeines Tauschmittel alles und jedes auf. Überall anwesend und doch unsichtbar, virtuell und doch in jedem Augenblick aktuell. Die Virtualität kommt über das Aktuelle, die Abstraktion verwandelt es.

Dasselbe gilt für die Buchstaben der Algebra oder die Formen der Geometrie. Der Kreis existiert nicht, und doch lassen sich alle Rundungen dieser Welt durch ihn ausdrücken. Die Unbekannte X hat, für sich genommen, keinerlei Wert und kann doch jeden Wert annehmen. Der Buchstabe schließlich ist als solcher völlig bedeutungslos und kann doch je nach seiner Stellung im Wort oder Satz jede Bedeutung gewinnen.

Das Geld, das algebraische X und der Buchstabe können, weil bar jeder Bedeutung, alle Bedeutungen annehmen. Das Abstrakte oder Virtuelle lässt sich also in allen drei Fällen auf etwas Konkretes anwenden: auf das, was man verkaufen, tauschen oder kaufen, auf das, was man verstehen oder unternehmen, auf das, was man sagen oder schreiben möchte. Gibt es ein entscheidenderes geschichtliches Datum als diese drei fast gleichzeitigen Geburtsstunden? Abermals drei Hotspots, entlang einer Meeresküste, die selber vulkanischen Ursprungs ist.

Gewaltigerer Donnerschlag

Auf die Flutwelle, von der diese drei lokalen Geburten getragen wurden, folgte eine von noch größerer Wucht. Karl Jaspers war es, der vor einigen Jahrzehnten festgehalten hat, dass im selben Jahrtausend, fast binnen eines Jahrhunderts, ein gewaltiger Tsunami über ganz Eurasien hinwegging, der fast alle unsere religiösen Bewegungen hervorbrachte und im Wirken einiger Weisheitslehrer Gestalt annahm: Konfuzius und Laotse in China, Buddha in Indien, Zarathustra in Persien, Abraham und der Monotheismus in Israel, schließlich die griechischen Philosophen, die Vorsokratiker heißen, aber auch Geometer waren. Ich vergleiche diese ungeheure Reihe von Hotspots gerne mit jenen beiden anderen, deren eine, eher horizontal, im Pazifik, entlang der hawaiianischen Inseln, und deren andere, eher vertikal, im Indischen Ozean, von La Réunion bis zum indischen Dekkan verläuft. »Achsenzeit« hatte Jaspers vor den zahllosen, noch immer laufenden Debatten über die exakte Datierung diese sensible und entscheidende Periode genannt, weil diese zeitliche Achse als stabiler zeitlicher Bezugsrahmen für die so unterschiedlichen Zivilisationen und Kulturen dienen kann, die Europa und Asien wie eine unermessliche Einlegearbeit bedecken.

Steht die lokal eher begrenzte, die Mathematik, das Geld und das Alphabet ins Leben rufende Flutwelle in Verbindung mit jener anderen, die den gesamten eurasischen Kontinent erfasste und aus der die Religionen hervorgingen? Kann man beide als zwei Komponenten ein und derselben seismischen Welle betrachten, deren Intensität den ganzen Erdteil erschütterte? Bricht nicht mit jeder dieser Entdeckungen, der des Geldes, der Mathematik und des Alphabets, die wie kristallisiert in ihrer Invarianz durch kleine Variationen hindurch Jahrtausende überdauern, eine Geschichte an, die so nachhaltig ist wie die der Religionen und in ihrer Beständigkeit nichts gemein hat mit den historischen Reichen, die umso brüchiger sind, je größer ihre Macht ist?

Seither sind es tatsächlich diese vier Netze, mit deren Hilfe die Menschheit versucht, die Welt zu erklären, sie zu beherrschen und sich selbst zu begreifen, Netze, die vom Geld, von den Wissenschaften, den Sprachen und den Religionen gebildet werden. Wie breiten sich diese Netze aus? Die Sprachen zerfallen in Dialekte, Akzente, technische und lokale Sprachgebräuche; das Geld verbreitet sich auf der Welt in unterschiedlichen Währungen; die Wissenschaft in Disziplinen und Spezialisierungen; die Religion in Kirchen, Riten, Orthodoxien, Häresien und Sekten. Vergleichbare Unterteilungen.

Alle Kulturen dieses Gebiets sind von einer Religion durchdrungen; und die Ethnologie verallgemeinert diese Einsicht auf die ganze Welt. Sie ist also von universaler Geltung, aber sie dekliniert sich in partikularen Gestalten, die einander oft erbittert bekämpfen. Ein Widerspruch? Wenn ja, dann müssten wir auch die Sprachen und das Geld, ihrerseits universal und partikular zugleich, als widersprüchlich betrachten. Alle Kulturen sprechen, alle Nationen drucken Geld. Erneut haben wir es also mit universalen Formen zu tun, die sich aber in Nationalsprachen, Dialekten, Akzenten im einen, verschiedenen Währungen im anderen Fall ausprägen, so dass auch unter Letzteren wie unter den Sprachen, und sei es auch seltener, ein erbitterter Wettbewerb entflammt. Und wer wollte die Universalität der Wissenschaften leugnen, die doch ihrerseits in unzählige Spezialgebiete zerfallen, zwischen denen es mitunter zu Konflikten kommt?

Sprache und Algebra, Währungen und Worte oder Dogmen, sie alle sind Konventionen und Virtualitäten, anders gesagt: Informationen, die sich jedoch mit unvergleichlicher Effizienz auf die reale Welt und auf menschliche Gesellschaften anwenden lassen, sie alle sind Hotspots von vergleichbarer Macht.

Zeitfragen

Wir erleben heute eine globale Krise, die auf einen Schlag diese vier Netze betrifft. Digitales Geld, so unsichtbar wie der alte König von Lydien, fällt nicht mehr auf den Boden und klimpert, sondern umrundet in einem Wimpernschlag den Planeten. Dieselbe Digitalisierung verwandelt, indem sie die Sensoren vervielfältigt, die unaufhörlich eine unermessliche Datenmenge weiterverbreiten, Wissenschaften und Erkenntnis in Informationsbits. Wir werden nicht mehr sprechen, nicht mehr schreiben wie zuvor. Wie viele ihrer Schwestern hat zum Beispiel meine Sprache sich um mindestens ein Fünftel ihrer Ausdrücke vermehrt; die Religionen verschwinden, rufen in rückwärtsgewandten Lehren zu Verbrechen auf oder lassen sich vom Mitgefühl leiten und verwandeln sich. Es sind einschneidende Veränderungen, die das Gesicht, das Aussehen, den Gebrauch dieser Potenziale und Potenzialitäten, dieser vier Mächte verwandeln, und darum erfüllen sie uns mit Angst oder Begeisterung. Erleben wir ein Schlüsseldatum, eine neue Achsenzeit? Einen Hotspot? Ich glaube: ja, und habe es wieder und wieder gesagt.

Auf welchen anderen, früheren weist er zurück? Auf ein Ereignis, das in ein und demselben Zug die vier oben beschriebenen Neuerungen betrifft.

Die weisen drei Könige

Noch eine Erzählung, die als mythisch gilt. Caspar, Balthasar und Melchior, vielleicht Könige, zweifellos Gelehrte, lassen sich von einem Stern den Weg weisen. Der Überlieferung nach repräsentiert jeder von ihnen ein Drittel der Menschheit, und so ist es die ganze im Werden begriffene Menschheit, die mit ihnen zieht.

Als Magier, also Weise, sind sie Meister ihres Fachs. Das des ersten beruht auf dem Gold. Heute würden wir ihn einen Ökonomen, den zweiten, da die aromatische Myrrhe über Heilkräfte verfügt, einen Botaniker oder gelehrten Biochemiker, den dritten schließlich einen Dichter nennen: Denken Sie an den aufsteigenden Weihrauch, der seit Urzeiten überall Lobpreis, Gebete und flehentliche Bitten zu den Göttern emporträgt. Weise Könige oder Magierkönige, das ist ein Titel, der nur den Besten ihres Fachs gebührt – heute würde es vielleicht heißen, Gold-Caspar hätte den Nobelpreis für Ökonomie, Myrrhe-Melchior den für

Physik oder Medizin, Weihrauch-Balthasar den Literatur- oder Friedensnobelpreis verdient.

Die Macht der weisen Könige ist die des Wissens. Der eine weiß, was Gold über den Menschen vermag, der andere kennt die Wissenschaft und ihre medizinischen Anwendungen, der letzte das Gewicht von Sprache und Kommunikation. Alle drei wissen sie darum, dass diese Werte Dinge und Gemeinschaften schaffen oder zerstören, Könige krönen oder absetzen, Kriege entfesseln oder Frieden stiften können. Haben sie diese Werte erfunden? Wir wissen es nicht, aber wir sehen zumindest, dass ihre üppigen Gaben diese Werte, nämlich Geld, Wissenschaft und Sprache, *repräsentieren*.

Weihrauch und Sprache

Aus einem Weihrauchfass steigen zufällig sich bildende Wirbel auf, ausgefranste Schwaden, die offenbar den Raum füllen wollen. Wenn die schwebenden Schlieren sich aufgelöst haben, sind sie in das unscheinbare Geheimnis der Ausdehnung eingekehrt, indem sie wie die Peano-Kurve alle ihre Punkte durchlaufen haben. Seinerseits unsichtbar, durchdringt ihr Geruch jeden noch so kleinen Punkt des Raums. So verbreitet sich die Lautsprache durch Schallwellen im Raum. Sie mag je nach den Zufällen der Raumakustik und der Taubheit der Ohren hie und da mehr oder weniger gut zu hören sein, aber sie strebt danach, den ganzen Raum in Besitz zu nehmen. Filigran wie unsere alphabetischen Zeichen, mimen die Weihrauchschwaden diese Invasion.

Auf dass der Geist atme und die Seele den Raum erfülle wie eine Weihrauchwolke, die ziellos aufsteigt, um allgegenwärtig zu werden. Lange blieb mir verschlossen und noch heute fällt es mir nicht leicht zu verstehen, was es mit dem Gebet auf sich hat. Dabei genügt es, sich anzuschauen, wie der Weihrauch sich ausbreitet. Beide streben nach göttlicher Allgegenwart.

Unterwegs zum Stern

Wie wirkliche Gelehrte auch machen sich die drei Könige immer wieder auf die Suche. Auf einen Stern zugehend, träumen sie davon, noch Besseres zu entdecken, neue Grundlagen und Quellen ihres Reichtums, sie träumen von der königlichen Macht, die ihnen aus ihrem *magischen* Wissen, vom Wissen, das ihnen aus ihrer Macht erwächst. Denn jeder gute Forscher ist auf der Suche nach den Quellen seiner Erkenntnisse und den Geheimnissen ihrer Möglichkeit, auch nach Ruhm oder Geldmitteln. Woher kommen sie? Vielleicht aus Persien, wo der Stifter der neuen Religion der Mager oder Magier, Zarathustra, einen Namen trägt, der im Avestischen, sagen die Sprachwissenschaftler, das Kamel und die Sterne, also Mittel und Ziel jener Reise zugleich, nennt.

Aber jetzt, da sie einem Wegweiser hoch am Himmel folgen, da sie das Maximum an Macht und Ruhm suchen, dessen Kraft die explosiven Spannungen erklären könnte, die sie in Händen halten, da sie nach dem Himmel, dem Mond, den Sternen greifen wollen – was finden sie? Nach größten Beschwernissen und langen Irrwegen finden sie ein winziges Neugeborenes in einer schmutzigen Strohkrippe, umgeben von ganz gewöhnlichen Tieren und einem vom römischen Zensus noch nicht erfassten Paar, kurzum: das Minimum an Reichtum, Wissen und Sprache.

Sie suchten das Ganze, sie finden das Nichts. Sie suchten in den von ihnen durchquerten Ländern, in der Immanenz, unter dem Firmament, das ihnen Licht spendete, einen König, mächtiger als ihre drei Mächte, und was sie entdecken, im hintersten Winkel einer eisigen Grotte, sind drei zweifelhafte Obdachlose auf einem Strohlager, in Gesellschaft eines Ochsen und eines Esels, zu denen sich nachts Hirten aus der Umgebung gesellen. Sie suchten die gewöhnliche, umfassende, weltbewegende Energie, und sie entdecken die fast substanzlose, zarte, subtile Fremdheit der Information.

Und sie entdecken schließlich, dass dieses Nichts an Macht und Ruhm alles ist. Umkehrung: Mächtig, gelehrt und von edler Herkunft, stoßen das Geld, die Wissenschaft und die Sprache mit einem Mal auf die Religion in ihrer ganzen Schwäche, Armut und Dürftigkeit. Die weisen drei Könige entdecken die Religion buchstäblich *in statu nascendi*.

Von der Epiphanie

Epiphanie meint im Griechischen ein Erscheinen im Licht. Dessen Leuchten entspringt dem gleißenden Kurzschluss zwischen den zwei großen Revolutionen, von denen ich gerade gesprochen habe, deren eine die Geburtsstunde des Geldes, der Wissenschaft und des Alphabets ist, symbolisiert von den drei Königen und ihren Gaben, und deren andere alle Religionen Eurasiens auf den Plan ruft, kurzum: Es entspringt dem Kurzschluss zwischen unseren vier Universalien, unseren immanenten Mächten und der äußersten, transzendenten Schwäche, die ihre Bedingung ist.

Epiphanie: Durch die plötzliche Interferenz mit der Welle der wohlwollenden und mitfühlenden Religiosität der eurasischen Achsenzeit stößt die lokale, mächtige, aristokratische Welle der Wissenschaft, des Geldes und der Sprache auf den strahlenden Brand- und Lichtherd des Virtuellen, dem alle Macht und alles Wissen entspringt: *die äußerste Zerbrechlichkeit*. Sollte es die unendliche Zartheit des Virtuellen sein, die unsere aktuellen, materiellen, wirklichen Mächte erst hervorbringt? Sollte ich die Hypothese erwägen, dass es die Ausläufer des gewaltigen, während jener Achsenzeit über Eurasien hinwegrollenden Tsunami waren, aus denen die als Vorsokratiker bezeichneten Philosophen, die Initiatoren des griechischen Wunders, hervortraten? Führt diese Welle auf ihrem Scheitelpunkt zur Erfindung der Geometrie? Die Epiphanie vollendet und verallgemeinert diese »Frohen Botschaften«.

Zweifellos wussten die drei Könige, dass ihre Fachkenntnisse einem Virtuellen entsprangen, das bar jeder Bedeutung ist, um alle Bedeutungen annehmen zu können. Aber als an Paläste gewohnte Stadtbewohner wussten sie nicht, dass dieses Virtuelle auf dem Land, im Dunkel einer Grotte, unter Tierschnauzen, in einer Kinderkrippe verborgen lag, in der Alltäglichkeit also einer unbedeutenden, gewöhnlichen, tiernahen Menschheit, im Stroh eines abgelegenen Stalls, in dem *ein Neugeborenes* schlief.

Dort entspringt es, das kostbare Virtuelle, das sich in allem verbirgt, dort tritt es zutage. Es lohnt sich nicht, so weit zu reisen, so lange zu suchen, die Augen gen Himmel gewandt einem Stern zu folgen. Nein, gleich hier, da unten, liegt es beschlossen. Um die ganze Welt seid ihr gereist, auf der Suche nach Wahrheit, Macht und Reichtum. Dabei sind sie gleich hier, ganz nah, sie sprechen bei euch vor, klopfen an eure Tür. Überall werdet ihr auf Hotspots stoßen, der Blitz der Epiphanie kann überall, jederzeit aufleuchten.

Weihnachten im strengen Sinn

Sein Licht offenbart, was der Schlüssel zu dieser Geschichte und vielleicht zu meinem ganzen Buch ist: die Geburt. Erscheinen, Aufgehen, das Licht der Welt erblicken, Ursprung, Quelle … Denn das Geld wird aus seinem Fehlen geboren, die Wissenschaft entspringt der Unwissenheit, die menschliche Rede beginnt mit dem Schrei des Esels und dem Muhen des Viehs, die Religionen entstehen nachts, unter den Sternen, bei den Hirten. Da liegt sie, die heiße Quelle. Ja, alles, was dem Religiösen entspringt, entspringt ihm *in statu nascendi*. Das ist die tektonische Platte, aus der unsere Kulturen hervorgehen. Es gilt also zu verstehen, wo und wie sich die Energie bildet, die diese Geburt ermöglicht.

Drei mächtige Könige, die sich vor dem ohnmächtigen Neugeborenen verneigen: Der Geldmagier verneigt sich vor der Not der Obdachlosigkeit, der Wissenschaftsmagier verneigt sich vor der Hirten-Unwissenheit, der Sprachmagier verneigt sich vor einer vom Schreien des Esels, von Muhen, Lallen und Brabbeln unterbrochenen Stille.

Schützt ihre Klugheit sie vor der Enttäuschung? Bezaubert, entrückt, erfahren sie den Abstand zwischen dem Stern und dem Kind, zwischen der unbedingten Souveränität eines das ganze Universum durchdringenden Lichts, das überall ist, und der zerbrechlichen Kontingenz eines jetzt und hier beginnenden Lebens, anders gesagt: der plötzlich in einem winzigen Punkt konzentrierten Ubiquität. Druck, unendliche Dichte – ungeheure Energie.

In der ganzen Machtfülle ihres Expertentums müssen die Könige und Magier schließlich begreifen, dass ihre endliche Bedeutung sich in der Spannweite zwischen dem Stern und dem Kind, zwischen Königen und Hirten, zwischen Alles und Nichts bewegt. Sie müssen begreifen, dass auch ihre Gaben, Symbole ihrer Person und ihrer Profession, ja sie selbst und die Welt überhaupt zwischen minimaler Schwäche und maximaler Stärke schweben, zwischen Ohnmacht und Allmacht, Omnivalenz und Nullwertigkeit, *allmächtiger Energie* und *zerbrechlicher Information*, und das heißt erneut: Universalität. Dass Gott, wenn es ihn gibt, ebenso auf dem stummen Grund der Zerbrechlichkeit ruht, wie er Raum und Zeit erleuchtet. Das ist die von den Religionen offengehaltene Spannweite, das ist die Energie, der sie entspringen und die sie übertragen. Dieser Hotspot hört auf den Namen der Inkarnation.

Mit all ihren Werten beladen, machen sich die Könige der Macht auf einen langen, beschwerlichen Weg zum höchsten aller Werte, dem Stern hoch droben am Himmel, und was sie am Ende finden, ist der Nullwert, das Stroh. Die Epiphanie offenbart also unser Geschick, das sich in dieser offenen Spannweite bewegt, in diesem Hin und Her zwischen allem und nichts, zwischen dem Sein und dem Nichts, würden die Gelehrten sagen, kurzum: in jener unbegrenzten Totalität, Vermöglichkeit, Virtualität, die zweifellos das Menschliche definieren. Besser noch: das Göttliche. Göttlich und menschlich: Inkarnation.

Nicht bloß Emergenz, sondern Explosion. Big Bang.

Zwischenbilanz

Das Licht der Epiphanie entspringt dem Kurzschluss zwischen jenen beiden Donnerschlägen, die die Geschichte der damals bewohnten Welt verändern sollten. Können wir uns eines zentraleren Datums in der Geschichte der Menschheit entsinnen? War je ein Hotspot heißer als dieser? So brennend und strahlend, dass man ihn Epiphanie nennt.

In jener Nacht beugen drei ruhmreiche Könige, unwahrscheinlich genug, das Knie vor einem kümmerlichen Neugeborenen. Dieser *mythischen, aber wahrhaftigen Unwahrheit* entspringt im Zuge einer starken

Datierung das Licht der Epiphanie. Ich unterscheide weiter unten das unwahrhaftig Wahre vom wahrhaftig Unwahren. Fälschungen in der Malerei oder Falschmeldungen scheinen wahr, während fast alle religiösen Dogmen, die mir bekannt sind, der zweiten Gattung angehören, die untersucht werden will: Jungfräulichkeit nach der Niederkunft, Auferstehung, Epiphanie ... Im Mythos der Letzteren verbirgt sich, wie wir gerade gesehen haben, eine tiefe geschichtliche Realität. Wie?

Das Verbindende. Zweite Lesung

Midas, Gyges, Krösus, die in Phrygien und Lydien das Geld aufbrachten; Thales, Pythagoras, Erfinder der strengen Wissenschaft; all die Namenlosen, die erstmals die Buchstaben in einem Alphabet komprimierten, all jene, ich habe ihre Namen genannt, die in Eurasien die Religionen der Achsenzeit begründet haben ... Und schließlich Caspar, Melchior und Balthasar. Gestrenge Historiker behaupten mit den besten Gründen der Welt, für deren erdichtete, imaginäre, symbolische Existenz fehle jeder historische Beleg. Ihre Kritik mag unwiderlegbar sein, aber umso erstaunlicher ist es, dass dennoch das Geld, die Wissenschaft, die Schrift, die Religionen, deren Stifter jene legendären Personen sind, die Zeiten überdauert und sich im Raum so unendlich viel besser verbreitet haben als die Mächte, die von wirklichen Personen begründet wurden, von Dschingis Khan, Alexander dem Großen, Cäsar, Napoleon und anderen, deren Leben und Wirken historisch belegt ist.

Wie kommt es, dass sich die geistliche oder spirituelle Macht, leicht, ungreifbar, schwebend, bis zur Allgegenwart ausdehnt und sich als höchst beständig erweist, während die weltliche Macht, hart und ortsgebunden, bei räumlicher und zeitlicher Verbreitung wachsende Machtverluste hinnehmen muss? Die Pharaonen herrschten länger als Rom, dessen Herrschaft dauerhafter war als die des British Empire, das wiederum länger Bestand hatte als die amerikanische Vorherrschaft über die Welt: Ist das Weiche beständiger, besitzt es größere verbindende Kraft als das Harte? Je mehr die kritischen Historiker recht behalten, desto schlagender zeigen sie wider Willen, dass imaginären Gestalten, die auf sagenhafte Texte zurückgehen, eine merkwürdige Universalität eignet. Es sieht ganz so aus, als sei die Information, rar, anfällig, zart, weniger vergänglich als die Energie, die unauflöslich mit wachsender Entropie einhergeht. *Le doux dure plus que le dur* – das Weiche hält sich hartnäckiger als das Harte.

Nebenlektion: Mythen, Klatschgeschichten, Ammenmärchen, Fabelwesen, die drei weisen Könige der Legende, provenzalische Krippenfiguren, die im Dreikönigskuchen versteckte Bohne – sollte all das in seiner ganzen Ungreifbarkeit für die wirkliche Geschichte von größerer Bedeutung sein als tausend wohldokumentierte Begebenheiten? Sollte es die sogenannten seriösen, objektiven, grundlegenden historischen Tatsachen maßgeblich beeinflussen, so wie die von Hotspots offenbarten tektonischen Plattenbewegungen ganze Kontinente formen und die Ereignisse an der Oberfläche prägen? Ich betrachte also heute die Epiphanie als einen Punkt, an dem sich all diese Erfindungen miteinander verbinden, als Knotenpunkt, als eine Art Ligatur. *Le religieux relie* – das Religiöse verbindet, ganz wie es die ungesicherte Etymologie seines Namens will.

Theoretisches Zwischenspiel

Als Bergson über die Religion schrieb, suchte er nach ihren beiden Quellen, offenbar inspiriert durch das Carnot'sche Prinzip. Bis in die Titel seiner Bücher war ihm die Thermodynamik als Wissenschaft von der Energie bleibende Inspirationsquelle. Er schuf sein Werk in einer Zeit, in der die Anhänger Boltzmanns, also der Entropie, und die Anhänger Darwins, also der Evolution, sich an der großen Frage schieden. Unumkehrbare Zeit, ja, aber eine gedehnte oder schrumpfende Zeit?

Als er seine Thesen über die Dauer entwickelte, hielt Bergson sich indes, wie schon Auguste Comte, an Statik und Dynamik. Die Thermodynamik geht als neue Disziplin, der seine Unterscheidung von Offenem und Geschlossenem entstammt, über die klassische Mechanik der Positivisten hinaus. Bergson schwankt also zwischen zwei Formen des Wissens und den Methoden, die sich ihnen abgewinnen lassen. Ich selbst träume davon, auch für den Fall der Religion von zwei Quellen zu sprechen: *mit ihrer Entropie einhergehende Energie* auf der einen, *Information* auf der anderen Seite. Beide werden aber aus der gleichen Wissenschaft vom Feuer geboren.

Kommen wir auf die namentlich von Bergson gerühmte und zu seiner Zeit ohnehin prominente Unterscheidung zwischen Offenheit und Geschlossenheit zurück, mit der es sich nicht so einfach verhält, wie der Philosoph sagt. Denn ein geschlossenes System verbraucht sich durch die Entropie, durch Dunkelheit, Kälte oder Mangel, aber ein offenes, nicht vor Winden, Frösten und Mikroben geschütztes System verschwindet noch schneller. Tatsächlich gilt von allem, was existiert, dass es sich zugleich öffnet und schließt: Ein Atom besitzt eine oder mehrere Wertigkeiten; eine Membran umhüllt ein Molekül, aber ist von kleinen Löchern durchsetzt; Schlösser, Vorhänge und Fensterläden schließen die Öffnungen, Türen und Fenster eines Hauses; mit dem ganzen Körper verbunden, übt ein Organ seine eigentümliche Funktion aus; obwohl geschlossen, lässt ein Gewächshaus die Sonne herein. Weshalb sollten tierische oder menschliche Gesellschaften dieser universalen Regel nicht unterliegen? Jedes System stirbt an Entropie und überlebt durch Information, die über fast keine Macht, aber durch ihre Knappheit über umso größere Dichte verfügt.

Woher kommt diese Energie?

Aus drei Kurzschlüssen. Das Religiöse verdichtet die von Nymphen oder göttlicher Herrlichkeit erfüllte Welt, es komprimiert sie in der Gesellschaft, in der Familie und noch im Innersten. Es verbindet die unermesslichste Außenwelt mit der kleinsten Innenwelt. Die Welt ist in mir oder in uns, ich bin, wir sind die Welt.

Wie in einem Brennglas verdichtet das Religiöse das von göttlicher Allgegenwärtigkeit durchdrungene Ganze in dem von einer Gruppe markierten Platz oder dem fast nichtigen Punkt, den ich selbst einnehme. Das Ganze ist ich, dieses Fast-Nichts ist das Ganze, ich bin alles.

Sein und Nichts, beginnt das Religiöse mit nichts, um alles, was ist, zu durchdringen. Virtuell, imaginär, mythisch, unsichtbar, spirituell, und doch die das Aktuelle, seien es historische Bewegungen oder Einzelne, beseelende und antreibende Kraft.

Diese drei Kurzschlüsse – das Unermessliche im Punkt, das Sein im Nichts, Alles im Nichts – erzeugen einen Energiedruck von unendlicher Dichte, der mitunter über lange Zeiträume in einem Ausbruch von zerstörerischem Hass oder aber einer Liebe freigesetzt wird, die Zivilisationen schafft.

Big Bang!

Mythos, Geschichte

Zurück zu den Mythen, die man nicht geringschätzen sollte, treten sie doch vor unserem Wissen auf den Plan. Ich möchte als Beispiel die Erzählung vom verlorenen Paradies in der Genesis nennen. Weder die Historiker noch Sie und ich glauben an die Sache mit dem Apfel oder der Rippe. Ein Mythos, eine Fabel, ein Gleichnis, aber darüber hinaus nichts. Und doch höre ich seit einiger Zeit die Prähistoriker das Loblied des Glücks singen, das unseren Vorfahren als Jägern und Sammlern beschieden war (Adam und Eva freilich waren nur

Sammler), blieben ihnen doch die erbitterten Kämpfe erspart, die vom Neolithikum an zwischen Bauern und Hirten (Kain tötet Abel) entbrennen sollten. Tatsächlich mussten seit der genialen Erfindung des Ackerbaus und der Viehzucht die Felder vor Eindringlingen geschützt werden, um Aussaat, Blüte und Ernte davor zu bewahren, dass Viehzüchter ihre Kühe, Schweine oder andere Tiere über das Land trieben.

Die Generation, die Eva von Abel trennt, markiert einen Übergang zwischen zwei Epochen, die unter Fachleuten wohlbekannt sind. Mit ihm tritt das Eigentumsrecht auf den Plan, und es beginnt die grauenvolle, von Morden und Konflikten skandierte menschliche Geschichte. Was täten Sie, wenn Ihnen eine Rinderherde den jungen Weizen zertrampeln und auffressen würde? Der Erste, der auf den Gedanken kam, sein Feld einzuhegen, und sagte: Das gehört mir, war der Erfinder der kriegerischen Gewalt. Er ermordete den Ersten, der die Grenze übertrat: Der Tod von Remus wiederholt oder ergänzt den von Abel.

Die Mythen sprechen also gewichtige, machtvolle Wahrheiten aus, und sie sprechen sie anders aus, als es die sorgfältig dokumentierten Berichte derer tun, die wir als Historiker schätzen und die denn auch, redlich um Faktentreue bemüht, zu den Verächtern jener Fabeln zählen, die trotzdem zuweilen …

Zurück zur Gegenwart

Um noch einmal darauf zurückzukommen: Die an Epiphanias oder Heilige Drei Könige in Erinnerung gerufenen vier Netze, die ich hier beschreibe, das Geld also, die Wissenschaft, die Sprachen und die Religionen, erfahren heute eine Krise, einen tiefgreifenden Wandel.

Mehr noch: Unsere Politik weiß nicht mehr weiter, weil wir keine Geschichtsphilosophie mehr haben. Die Geschichtsphilosophie, auf die sich die Politik lange Zeit stützte, begann mit den *Lumières*, mit der Aufklärung – Begriffe, die eine säkulare Übersetzung des Begriffs der Epiphanie sind, eine voltairesche Weise, Johannes wiederzulesen. Ob Adam Smith, der Theoretiker des Liberalismus, oder Karl Marx, der Prophet des Sozialismus – beide lebten, handelten, dachten wie unsere Aufklärer. Wir wohnen der Auslöschung dieser einander entgegengesetzten Zweige ein und desselben Geistes bei, und zunächst einmal jener Krise der von der Aufklärung definierten Vernunft, die zu diesem doppelten Verlust erst geführt hat.

Die Quasi-Auslöschung dieses eher leuchtenden als heißen Hotspots begann mit dem Blitz von Hiroshima und Nagasaki, wo eine Wissenschaft, die als durch und durch gut gegolten hatte, jene Verbrechen gegen die Menschheit, jene Massaker an Unschuldigen verübte, die diese beiden Hotspots zu Brandstätten im tragischen Sinne machten. Wir Heutigen sind Überlebende dieser Krise und dieses Brandes, bei dem Energie zum Verbrechen wurde.

Vor der Herrschaft der Aufklärung und dieser Auslöschung, die so lange nicht zurückliegt, flackerte das unstete Licht der Mythen oder Religionen, jenes Licht, von dem der Evangelist Johannes der Erfahrung zum Trotz sagt, es werde von der Finsternis nicht erfasst. Das ist das Licht der Epiphanie. Von solcher Kraft, dass es, wie wir gesehen haben, in einem blendenden Kurzschluss das universale Gefüge unserer Gedanken, unseres Tuns, unseres Verhaltens und unserer Ideale umfasst. Hier stoßen wir auf die Plattentektonik der Geschichte.

Massaker an Unschuldigen

Die Schrift aber sagt, dass die drei königlichen Besucher von der Geburt des Kindes den Herrscher des Landes unterrichten sollten, der alle Neugeborenen töten ließ, nachdem sie ihn getäuscht hatten. Wie könnte man deutlicher zum Ausdruck bringen, dass jene wunderbaren Errungenschaften, die Wissenschaft, die Sprache, das Geld, die Religion, zu tödlichen Gefahren werden, sobald sie der Macht zu nahe kommen?

Noch einmal zur Epiphanie: Um zu leuchten, braucht ein Licht eine Lichtquelle. Keine Helligkeit, keine Klarheit ohne ein zugleich leuchtendes und brennendes Feuer. Durch und durch optimistisch, sah die Vernunft der Aufklärung oder *Lumières* an ihnen nur das Leuchtende. Am Tag von Hiroshima aber und in den Jahren danach verfinsterten sie sich, indem sie Tausende von Unschuldigen verbrannten, sie zu verkohlten Leichen werden ließen. Die Vernunft der Epiphanie dagegen kündigte umsichtiger, realistischer, ausgewogener unsere Kultur, aber auch das Massaker an Unschuldigen an. An der Quelle die unermessliche Freude über die Geburt, flussabwärts die von der Apokalypse entfesselten Schrecken. In der Nähe der Macht wird der Hotspot zum explosiven Brandherd.

Weise Magier, die zugleich Könige sind – stets droht die Verquickung von Wissen und Macht, von Kraft und Religion in den Schrecken umzuschlagen. Die drei Magierkönige werden rasch in den Hintergrund der Geschichte treten, und zurück bleibt die abscheuliche Ermordung der Neugeborenen, das unsägliche Abschlachten. Der Hotspot bricht aus im gleißenden Licht einer Feuersbrunst. Erneut tut sich die Spannweite unserer Fähigkeiten auf, zwischen der Freude über die Geburt des Gotteskindes und den Leichen Unschuldiger, zwischen Paradies und Hölle. Die schon erwähnte persische Religion lehrte zwei einander entgegengesetzte Götter, das Gute und das Böse. Als Nachfahre der katharischen Tradition verstehe ich diese Zweiheit nur zu gut. Die Magier Zarathustras bewahren ihre Spur, und Empedokles wird ihr duales Gesetz des Hasses und der Liebe wiederholen.

Unsere Geschichte hat es allzu oft gezeigt: Die Beherrschung der Sprache und ihrer Kommunikation, die den Raum in Beschlag nimmt wie der Weihrauch, leistet der Verbreitung von Ideologien Vorschub, die, ich entsinne mich genau und werde es stets fürchten, zahllose Opfer fordern. Dass die Sprache die beste und schlimmste Sache der Welt ist, wissen wir seit Äsop. Und dasselbe gilt, wie seit Aristoteles und Freud bekannt, vom Geld. Diabolisch, weckt es ein solches Begehren, dass viele von uns einen Konkurrenten, der es begehrt wie sie, ohne Zögern vernichten; und gemeinsam zerstören ihre grausamen Spiele die Erde. Heute zum Beispiel besitzt eine kleine Zahl von Menschen, die furchtbaren Götter des Olymps unserer Zeit, so viel Geld wie die ärmere Hälfte der Menschheit. Und seit in Hiroshima das Licht der Aufklärung erloschen ist, ja seit der Erfindung von Pfeil und Bogen und Kanonen wissen wir, dass die Errungenschaften der Wissenschaft, auch sie die beste und schlimmste Sache der Welt, uns befähigen, Frieden zu schaffen, aber auch Massenvernichtungswaffen zu bauen.

Jene königlichen Fähigkeiten führen also oft genug zu Massakern an Unschuldigen. Die Epiphanie verbreitet ein entscheidendes Licht, das in seiner doppelten, zugleich friedvollen und verbrecherischen Bedeutung unser Entscheiden und Handeln beleuchtet, unsere guten und schlechten Stunden, unser historisches Projekt und unsere Entscheidungsfreiheit. Ein Hotspot, ja, aber ein leuchtender und ein brennender. Leuchtend vor seltener Heiligkeit, brennend vor Energie.

Hüten wir uns vor Macht, die über Wissen, vor Wissen, das über Macht verfügt.

Hiroshima, Hotspot

Gefährdet, befristet, mit Freuden gelebt, kommt mein Leben von Hiroshima her. Japanische Frauen, Kinder und Alte wurden an jenem Tag des Zorns zu Tausenden in lebende Fackeln verwandelt von einem Flieger, der von hoch droben ein Geschenk mitbrachte, das auf den Namen *Little Boy*, »kleiner Junge« hörte, die Atombombe, auch sie ein Neugeborenes. Weihnacht ist's, vom Himmel hoch ein Kindlein kommt! Was für eine Epiphanie, was für ein Massaker an Unschuldigen!

Der Pilot, der im mörderischen Flugzeug saß, spielte zweifellos in der Tragödie nur die Rolle eines Sendboten; und vielleicht gilt dies selbst von Harry S. Truman, dem Präsidenten der Vereinigten Staaten, die mit einer Grausamkeit, für die es keinen Namen gibt, die zwei Bombenabwürfe beschlossen. Aber was soll man über die Starphysiker sagen, die in aller Ruhe, Gelassenheit und Abstraktion Überlegungen und Berechnungen anstellten, um in der Wüste von Nevada die erste Massenvernichtungswaffe zu entwickeln, die so viele Menschen töten konnte? Dass sie, ahnungslos, obwohl hoch gelehrt, nicht wussten, was sie da taten? Und was soll man über ihre Brüder im Geiste sagen, die seit Nagasaki wissen mussten, was sie taten, aber nicht aufhörten, diese Zerstörungskraft zu verstärken, bis zur thermonuklearen Bombe, auch Wasserstoffbombe genannt? Erneut waren die mathematische Physik und ihre Aufklärung, ihre *Lumières*, über die Erde gekommen, aber diesmal, um Tausende Unschuldige zu verbrennen.

An diesem Tag glaubte ich die Sonne Josuas wiederzusehen, über die im Prozess gegen Galilei gestritten wurde. Ein paar Spezialisten für Massenmord hatten sie tatsächlich stillstehen lassen, um Feuer auf ihre feindlichen Brüder regnen zu lassen. Mein Körper mochte fern von diesem Hotspot leben, meine verbrannte Seele aber, mein auf den Kopf gestellter Kopf wurden an diesem Morgen geboren. Ich bin im Licht dieser »Epiphanie« zur Welt gekommen.

Die von verbrecherischen Ideologien erfüllte Zeit, in die meine Kindheit fiel, hat wieder und wieder gezeigt, wie viele Menschenleben es kosten kann, das Hinabsteigen der Sonne vom Himmel auf die Erde, der Weg von der bewundernswerten Gleichung zur tödlichen Waffe, von jenem neugeborenen Kindlein zum Massaker an Unschuldigen, von der gelehrten Theorie zur politischen Praxis, zur sozialistischen oder nationalsozialistischen, der Weg, kurzum, von der spirituellen zur weltlichen Macht. Nichts lässt sich schwerer beherrschen als der Hotspot der Inkarnation. Er kann sich langsam ausbreiten wie ein Heiligenschein oder wie Salböl, er kann aber auch in alle Richtungen explodieren.

Ein säkulares Pendant zur Epiphanie

Épiphanie, Epiphanias, Heilige Drei Könige: Der religiöse Feiertag gemahnt also an den zeitlichen Schnitt- oder Knotenpunkt, an dem die drei ionischen, das Geld, die Wissenschaft und die Sprachen betreffenden Entdeckungen mit jener Achsenzeit zusammentreffen, deren Woge im selben Jahrhundert auf einen Schlag ganz Eurasien durchquert und in ebenjenem Griechenland ausläuft, in dem mit den Vorsokratikern die Philosophie auf den Plan tritt, bevor sie mit Platon, Aristoteles, Epikur, Plotin und anderen ihre Blüte erlebt.

Es ist offenbar schwierig, in dieser Geburtsstunde die Erfindungen der Physik oder der Geometrie, die ich eingangs als Hotspots beschrieben habe, vom Auftreten der Philosophie, einem anderen Brennpunkt, zu trennen. Die Vorsokratiker nannten sich auch Physiker, und von Thales heißt es, wie erwähnt, er habe den ersten mathematischen Satz erfunden, der überdies seinen Namen trägt. Das ganze griechische Philosophie- und Wissenschaftswunder markiert also erneut die zeitliche Überschneidung der drei das Geld, die Wissenschaften und die Sprachen betreffenden ionischen Erfindungen mit dem abendländischen Ausläufer der Achsenzeit. Als Epiphanie kann auch das griechische Wunder einer Abstraktion ohne Gott gelten. Besonders weit musste Renan nicht reisen, um Weihnachten in Palästina hinter sich zu lassen und auf der Akropolis jenes zweite Wunder zu besingen. Warum nicht beide als »Frohe Botschaft« bezeichnen?

Blitz und Hotspot: Im Sonnenlicht, draußen vor der Höhle, kommen die platonischen Ideen auf die Erde. In ihnen ist das Ganze der virtuellen Welt beschlossen, das Abstrakte in seiner Gesamtheit, das Versprechen sämtlicher Wissenschaften. Und da die Ideen Töchter der Bilder und Trugbilder sind, erweisen diese sich als ihr Stamm und Ursprung. Platon beschreibt eindrucksvoll den von gleißendem Licht erleuchteten Weg, der von der Idee des Tischs zu diesem oder jenem Tisch führt. Sind am Ende alle Dinge Hotspots? Die mathematische Physik wird später, bei Galilei, diesem Weg zu den Dingen positive Realität verleihen.

Alles bislang Gesagte betrifft die *Erkenntnis*. Die *objektive* Erkenntnis beginnt mit dem Kurzschluss zwischen einer anderen Welt und der unseren. Aber ein Hotspot kann ebenso zur Geburt des *Subjektiven*, also des Individuums, wie zu der des *Kollektiven*, also zur Emergenz von Gemeinschaften, führen.

Das verklärte Individuum

Sechs Tage danach nahm Jesus Petrus, Jakobus und dessen Bruder Johannes beiseite und führte sie auf einen hohen Berg. Und er wurde vor ihnen verwandelt; sein Gesicht leuchtete wie die Sonne und seine Kleider wurden weiß wie das Licht. Und siehe, es erschienen ihnen Mose und Elija und redeten mit Jesus. Und Petrus antwortete und sagte zu Jesus: Herr, es ist gut, dass wir hier sind. Wenn du willst, werde ich hier drei Hütten bauen, eine für dich, eine für Mose und eine für Elija. Noch während er redete, siehe, eine leuchtende Wolke überschattete sie, und siehe, eine Stimme erscholl aus der Wolke: Dieser ist mein geliebter Sohn, an dem ich Wohlgefallen gefunden habe; auf ihn sollt ihr hören. Als die Jünger das hörten, warfen sie sich mit dem Gesicht zu Boden und fürchteten sich sehr. Da trat Jesus zu ihnen, fasste sie an und sagte: Steht auf und fürchtet euch nicht! Und als sie aufblickten, sahen sie niemanden außer Jesus allein. Während sie den Berg hinabstiegen, gebot ihnen Jesus: Erzählt niemandem von dem, was ihr gesehen habt, bis der Menschensohn von den Toten auferweckt ist!

Da fragten ihn die Jünger: Warum sagen denn die Schriftgelehrten, zuerst müsse Elija kommen? Er gab zur Antwort: Ja, Elija kommt und er wird alles wiederherstellen. Ich sage euch aber: Elija ist schon gekommen, doch sie haben ihn nicht erkannt, sondern mit ihm gemacht, was sie wollten. Ebenso wird auch der Menschensohn durch sie leiden müssen. Da verstanden die Jünger, dass er zu ihnen von Johannes dem Täufer sprach. (Matthäus 17,1-13)

Die Sonne erhellt nicht mehr das Tetraeder oder die Pyramide, sie brennt nicht mehr im *gnomon*. Ihr Licht fällt auf einen Menschen. Das Licht der Erkenntnis geht nicht mehr vom Objektiven aus, sondern leuchtet im Subjektiven auf. Das Aufscheinen der Epiphanie verlagert sich, es setzt sich auf dem Gipfel des Berges fort. Später wird die Passion diesen Unschuldigen ermorden. Ich sehe Jesus, verwandelt durch das Licht der Erkenntnis, zu neuem Leben erwacht, nicht wiederzuerkennen, so aufrecht und wissend wie die Achse eines *gnomon*, und die Apostel, dahingestreckt, um diesen Lichtschacht herumliegen.

Hotspot des Ego

»Es gibt nicht mehr Juden und Griechen, nicht Sklaven und Freie, nicht männlich und weiblich.« Paulus entbindet die Menschen von ihren Zugehörigkeiten, in denen sie gefangen sind und erstarren; er stellt sie frei, er individuiert sie. So trete ich durch Jesus Christus in unmittelbaren Kontakt zu Gott. *Ego credo*, ich bin es, der glaubt. Besser: Dieser Glaube erschafft das Ich.

Entrückt, in Ekstase erhebt sich die heilige Theresa aus ihrer trägen Marmormasse. Das Feuer dringt durch ihren Körper wie eine Klinge. Sie existiert, denn Ekstase und Existenz haben die gleiche Wurzel, sie sagen etwas Entsprechendes. Der Heilige wird zu einem Hotspot, umgeben von einem strahlenden Nimbus oder Heiligenschein. Ich gerate in Ekstase, also bin ich.

»Jahr des Herrn 1654, Montag, den 23. November [...], seit ungefähr halb elf Uhr abends bis ungefähr eine halbe Stunde nach Mitternacht ... Feuer.« So beginnt Blaise Pascal sein berühmtes *Mémorial*, von dem er in seiner Brusttasche stets eine Abschrift bei sich trug, wie einen ureigenen Personalausweis. Die vom Feuer versengte Stelle, das antike Puteal verschiebt sich, sie entfernt sich vom Boden, um den Körper zu erreichen, an der Stelle des Herzens. Denn: »Es ist das Herz, das Gott fühlt, nicht die Vernunft.« Wer bin ich? Dieses Puteal.

Die Kunst und das Jenseits der Gestalt

Das vulkanische Feuer des Hotspots bricht aus auf Jeremias' Stirn und Unterarm oder auf der Mauer hinter dem Profil Jesu vor den Jüngern von Emmaus. Wie ein Blitz fährt die andere Welt auf die unsere nieder. Das ist der gleißende Kurzschluss, den Rembrandt malt. Die Figuren auf diesen Gemälden scheinen ihrer Sinne nicht mehr mächtig, wie entrückt beim Anblick eines solchen Lichts, dessen Erstrahlen sie verwandelt oder auslöscht.

In seiner *Transfiguration*, jener Szene der Verwandlung oder Verklärung Christi, zeigt Rafael in der unteren Hälfte des Gemäldes Menschen, die blind sind für das, was geschieht, bis auf ein Kind, dessen tote, nach oben gewandte Augen allein sehen und sehen lassen, was niemand sieht, den oberen Teil der Szene, die Transfiguration, in der Gestalt annimmt, was jede Gestalt transzendiert. Weit davon entfernt, etwas Sichtbares darzustellen, ist es der klassischen Malerei zumindest in ihren größten Werken darum zu tun, uns sehen zu lassen, was unsichtbar ist, was oder wen wir nicht erkennen können. Sollte ich Raffaels Bild als Meta-Gemälde bezeichnen? Ist es so etwas wie die Matrix aller Meisterwerke, der Ursprung, die Quelle dieses Versuchs, das Unsichtbare sichtbar zu machen?

Keusch und stumm, wie sie sich in der *Verkündigung* des Fra Angelico offenbart, kommt die andere Welt über Jeremias oder die Pilger von Emmaus. Und erklärt sich der Publikumserfolg von Jean-François Millets *L'Angélus* nicht daraus, dass uns das Gemälde das in allen Gestalten Abwesende, das über die betenden Bauersleute kommt, sehen und hören lässt?

In ihrer meisterlichen Darstellung bringt die Gestalt das Gestaltlose zum Ausdruck. Das Kunstwerk tritt mit jenem Hotspot in Kontakt – das macht es unvergänglich, darum können die Jahrhunderte ihm so wenig anhaben wie dem Satz des Thales oder der Feier der Epiphanie.

Luft und Feuer

Kann dieses Feuer auch über ein Kollektiv kommen? Es zusammenschweißen? Ihm Beständigkeit verleihen? Es zur Menschheit verallgemeinern?

> Als der Tag des Pfingstfestes gekommen war, waren alle zusammen am selben Ort. Da kam plötzlich vom Himmel her ein Brausen, wie wenn ein heftiger Sturm daherfährt, und erfüllte das ganze Haus, in dem sie saßen. Und es erschienen ihnen Zungen wie von Feuer, die sich verteilten; auf jeden von ihnen ließ sich eine nieder. Und alle wurden vom Heiligen Geist erfüllt und begannen, in anderen Sprachen zu reden, wie es der Geist ihnen eingab. (Apostelgeschichte 2,1-4)

Getreu der jüdischen Überlieferung, und darin erneuert die Pfingstepisode die Offenbarung am Berg Sinai, materialisiert das Bild des Feuers die göttliche Stimme, die sich hier vervielfältigt. Strahlenförmig verbreiten sich von diesem Ort aus die Sprachen der Welt. Die Apostel sprechen »in anderen Sprachen« oder Zungen, und jeder versteht sie, ja alle Gruppen, alle Gesellschaften werden aus diesem Bund geboren, im Geiste einer Ideologie, die beides sein kann, unerbittlich gegen andere wie tolerant und altruistisch. Pfingsten kehrt die Passion um: Entweder es werden alle eins in der Tötung des Opfers, oder es ist dieses Opfer, das, wieder göttlich geworden, sie alle eint.

Niemand hat je einen so vielstimmigen Redner wie den Apostel zu Pfingsten gehört; und das ist es, was man ein Wunder nennt. Nein. Es gibt andere. Wenn jemand sich umdreht, heute, ein Stück Kreide nimmt und an die Tafel ein System von Differentialgleichungen schreibt, deren Lösung er gefunden hat; vor ihm ein Hörsaal mit zahllosen Mathematikern aus aller Welt, die sich in ganz verschiedenen Sprachen Notizen machen und dem Erfinder stehend applaudieren. Wenn jemand einen Taktstock hebt, vor einem Orchester, das aus zahlreichen Einzelstimmen besteht, wenn er Partituren unter ihnen verteilt und jeder Aufführende, ganz gleich, was seine Stimmfarbe ist, an der Symphonie beteiligt ist, indem er sein Instrument spielt. Das Publikum erhebt sich zum Applaus. Und beide Male wissen alle: Das Wunder ist geschehen.

Es lebe die Musik, es lebe die Mathematik, zwei universale Sprachen. Neue heilige Schriften?

Können wir dieses Puteal erbauen, kann der Hotspot, von dem ich spreche, Bauwerk werden?

Zieht sich Gott, verborgen, in sein Reich zurück, das nicht von dieser Welt ist? Oder verbirgt sich die göttliche Allgegenwart im quasi leeren Raum des expandierenden Universums, das Gott unter dem überwältigenden Eindruck seines Sichentziehens an jedem seiner Punkte offenbart? Versteckt sich in jedem einzelnen seiner winzigen Teilchen dieses Fehlen Gottes, verhehlt es seine transzendente Abwesenheit? In seiner Unendlichkeit überall anwesend, tritt er nirgends in Erscheinung. Ein Transfinitum ordinatum, das wie ein Punkt der reellen Zahlengerade einzig ist und keine Teile hat. Ein Punkt oder, wie Euklid zu Beginn seiner *Elemente* auch sagt, ein Zeichen, ein *σημεῖον*.

Und doch wurde er Fleisch, sagen die Christen, vor mehr als zweitausend Jahren. Eine gewaltige Kontraktion verdichtete, verengte die universale Abwesenheit Gottes, presste sie in einen Ort von übernatürlicher Dichte, in dem sein Leib und sein Blut beschlossen liegen. Jetzt und hier anwesend, endlich. Der eine ist abwesend, der andere anwesend, der eine virtuell, verschwebend bis zur Leere, überall fehlend und überall da im Weltganzen, der andere real, komprimiert zu unvergleichlicher Dichte, jetzt, hier in diesem Raum.

Archaisch, schlicht und unbegreiflich, erweist sich die alte Vater-Sohn-Beziehung als kraftvolles, subtiles, ökonomisches, zweckmäßiges Verhältnis, in dem sich eine Dualität entfaltet zwischen Universalem und Singulärem, Globalem und Lokalem, unendlicher Unermesslichkeit und punktuellem, endlichem Jetzt, zwischen Virtuellem und Realem, Anwesendem und Abwesendem. Die andere Welt trifft in ihrer Ganzheit auf einen beliebigen Ort dieser Welt, sie verdichtet und konzentriert sich in ihm. Dieser Hotspot hört einmal mehr auf den Namen der Inkarnation.

Sein

Zu Zeiten der Reformation stritten Katholiken und Protestanten sich über die Frage der Realpräsenz: Brot und Wein, die in der Eucharistie geweiht werden – *sind* sie wirklich, realiter, Leib und Blut Christi oder haben wir es bei diesen Lebensmitteln mit bloßen Symbolen zu tun? So abstrakt dieser Streit anmutet, der heute die wenigsten noch beschäftigen dürfte, er ist von abgründiger Tiefe, betrifft er doch nichts anderes als den Sinn des geläufigsten, obwohl oder vielmehr *weil* nichtigen, zugleich omnipotenten und nullwertigen Verbums *sein*. Der Streit hatte hochbrisante Konsequenzen zumal für die kulturelle Einstellung ganzer Populationen zum Handel und zum Geld: Hat Letzteres einen Realwert oder erschöpft es sich in einem virtuellen Symbol? Ziehen Sie Grund und Boden dem Handel, Gold dem Papiergeld, das Ding der Konvention, die Realpräsenz dem leeren Zeichen, kurzum: diese Welt der anderen, virtuellen vor? Von dieser Entscheidung sollte bald der Wohlstand der Nationen abhängen – paradox genug, fiel sie doch eher zugunsten des Symbols aus.

Tempel

Entscheidende Konsequenzen hatte der Streit über die Realpräsenz auch für Bauweise, Existenz und Bedeutung religiöser Bauten, jener Gebäude, in denen niemand wohnt und die Gläubigen sich versammeln. Wie zum Beispiel soll man einen Tempel definieren und anlegen? Vom griechischen Verb für »schneiden«, *τεμνω*, abstammend – umgekehrt meint A-tom das, was man nicht weiter zerschneiden kann, das Unteilbare –, grenzt der Tempel eine sakrale Stätte ab, er schneidet sie aus dem profanen Raum heraus. Einmal mehr ein Puteal?

Nehmen wir den Grundriss des Jerusalemer Tempels: Auf den noch profanen Hof der Heiden folgt, schon sakraler, das Heiligste und schließlich das Allerheiligste, das dem Hohepriester vorbehalten ist und die von zwei Cherubim bewachte Bundeslade beherbergt. Der Grundriss folgt hier einer immer stärker sich verjüngenden Rangfolge. Und wie lässt sich eine Synagoge definieren? Als Ort der Zusammenkunft – nichts anderes bedeutet, erneut im Griechischen, ihr Name.

Eine Kathedrale dagegen ist, ganz gleich, ob vor oder nach der Reformation, kein Ort der Zusammenkunft, an dem sich zumindest kurzzeitig eine Gruppe von Gläubigen oder, länger, ein Domkapitel versammelt. Sie ist auch kein sakraler, aus einer profanen Umgebung herausgeschnittener Ort, sondern ein Bauwerk, das der ständigen Beherbergung eines in Realpräsenz anwesenden Körpers und Blutes geweiht ist. Ob gotisch oder romanisch, die Kathedrale *ist* Wohnstatt Christi in Fleisch und Blut.

Die zugleich theologische und architektonische Frage lautet jetzt: Wie muss das Haus aussehen, in dem der lebendige Gott wohnt, in Realpräsenz, der Ort also, an dem sich unscheinbar, klein, quasi atomar die überall, jetzt und in alle Ewigkeit das Universum durchwaltende göttliche Allgegenwart verdichtet, der allumfassende Gott im infinitesimalen Körper des Inkarnierten?

Vernunft, Energie

Stets wird das philosophische Abendland die Proportionen der griechischen Tempel bewundern, die dreieckigen Giebel und parallelen Säulen, deren Strenge den Gleichmut der Geometrie und die Stimmigkeit der Vernunft räumliche Gestalt werden lässt. Wer *ist* da, in diesem Gebäude? Der *logos*, der das Wort oder die Rede meint, gewiss, aber bei den Griechen und ihren Nachfolgern auch und vor allem die Vernunft und Verhältnismäßigkeit, *ratio vel proportio. Information.*

Wie kam es, dass jene antiken Senkrechten oder Schrägen, aus denen die Geometrie hervorging, mit einem Mal durch gotische Rundbögen und romanische Gewölbe mit ihren Biegungen und Krümmungen ersetzt wurden? Durch die oben beschriebene Konzentration. Im punktuellen Zentrum der Realpräsenz sammelt sich quasi a-tomisch – kein Tempel mehr – das ganze, ungeheure Universum der göttlichen Abwesenheit. Gott lebt hier – damit konzentriert sich eine die gesamte Schöpfung durchwaltende allgegenwärtige Kraft in einer infinitesimalen Black Box, in der eine übernatürliche Dichte herrscht, deren Druck solche *Energie* in sich birgt und akkumuliert, dass sie leuchtet, dass sie brennt, dass sie stets im Begriff ist, zu explodieren, um das ganze Universum von Neuem einzunehmen. Big Bang, wie ich gesagt habe! Erneut die Sonne im Feuerbau. Schnell, werft gewaltige Steinmassen drauf, um diese Verpuffung in Schach zu halten. Atombombenalarm! Das Gebäude will von innen zerbersten.

War der griechische Tempel aus maßvollen Rechtecken gefügt, ganz im Zeichen einer wohltemperierten und eingängigen, obwohl insgeheim von unruhigen, irrationalen Diagonalen heimgesuchten Vernunft, so wölbt sich die christliche Kathedrale unter dem vulkanischen Druck dieses Feuerhauchs. Dort der griechische Tempel der kalten Vernunft, hier der Hotspot, was sage ich: der lodernde, explosive Brandherd der Kathedrale. Seit dem Mittelalter nimmt sie an Umfang zu, sie bläht sich auf, geht in die Höhe infolge eines Ausbruchs, dessen furchterregende Kraft dem Tabernakel entströmt, dem auf dem Altar thronenden *tabernaculum*. Strahlenförmig wie die gotischen Dornen, die Strahlen der Monstranz oder die Farben der Fensterrose breitet sich ausgehend von einem punktuellen, realen und immanenten Zentrum die Erschütterung der Bombe im gesamten leeren Raum aus. Der umgebende Bau ist gewölbt, er krümmt sich in Gestalt der gotischen Ogive oder des Kirchenschiffs, aufgebläht durch diese ungeheure Druckwelle; Pfeiler und Strebebögen helfen, der Gefahr des möglichen Einsturzes entgegenzuwirken, die diese anhaltende virtuelle Explosion heraufbeschwört. Ja, schnell dicke Steinmauern hochziehen, in den Dorfkirchen wie in den Kirchenschiffen der Stiftskirchen, um durch ihr massives Gewicht zu versuchen, die Kraft dieser Detonation einzudämmen, in Schach zu halten, zu beherrschen, als sollte ihre Schwere die überwältigende Kraft der Gnade ausgleichen.

Mit ihrem strahlenden Kobaltblau, ihrem glutroten Licht, ihrem weißen und vielfarbigen, vulkanischen Leuchten blenden uns die Fenster, durch die das nukleare Licht dieser Explosion dringt. Als würde im Innern die Caldera einer Eruption scharlachroter Lavaströme aufglühen und durch die Fensterrose funkeln.

»Tabernakel«, das heißt »Zelt«, nennen wir diese winzige Behausung in dem Wissen, dass du, der Jude, zu Beginn unserer Zeitrechnung arm und unbehaust wie deine Vorfahren, die durch die Wüste zogen, in Galiläa herumgewandert bist, auch du auf der Suche nach dem Gelobten Land oder dem Reich, das nicht von dieser Welt ist. Verlass nicht das steinerne Kirchenschiff, das wir dir erbaut haben. Komm endlich zur Ruhe, lass dich nieder, lass uns nicht allein, um wieder nomadisierend durch die unermessliche von dir beseelte Welt zu ziehen, aus der dein Vater in seiner Allgegenwart entflohen ist. Ich bitte dich, bleib bei uns, denn es wird Nacht, iss mit uns zu Abend, sei wirklich anwesend, in Realpräsenz, breite dich nicht im Universum aus wie Gott, der in seiner unermesslichen Abwesenheit doch überall anwesend ist. In diesem Tabernakel, unter diesen rund- oder spitzbogigen Steinmassen verwahren wir deine gewaltige virtuelle Kraft.

Zeichnen Sie bitte zwei Schenkel eines beliebigen Winkels. Zeichnen Sie dann in einer gewissen Entfernung vom Scheitel eine Gerade, die ein Dreieck bildet und schließt. Lassen Sie jetzt die neue Seite an den ersten beiden Schenkeln entlanggleiten. Sie verkürzt sich, je näher sie dem Scheitelpunkt kommt.

Wenn sie nun eine Winkelhalbierende einzeichnen und sie innerhalb des Dreiecks schwenken lassen, so schneiden sie alle gemeinsam die dritte Seite, deren Länge sich beliebig variieren lässt. Es sieht ganz so aus, als ließen sich mittels dieses beweglichen Fächers die Punkte dieser selber beweglichen Seite aneinanderreihen, ja zählen. Daraus folgt, dass es auf den langen Seiten ebenso viele Punkte gibt wie auf den kurzen. Strenggenommen kann man sagen, auch wenn wir dies nicht anschaulich fassen können, dass es am Scheitelpunkt ebenso viele Punkte wie auf einer dritten Seite von unermesslicher Länge gibt.

Ein Punkt hat keine Teile, schreibt Euklid, Grieche, zu Beginn seiner bereits zitierten *Elemente*. Ein Punkt enthält eine transfinite stetige Mannigfaltigkeit von Teilen, würde Georg Cantor sagen, am Ende des 19. Jahrhunderts. Was ist das Unendliche, fragte er. Eine Gesamtheit, deren Teile dieselbe Kraft haben wie das Ganze.

Doppelte Rückkehr zum Puteal. Einmal eine mathematische: Das Transfinite konzentriert sich bis zu einem Akkumulationspunkt, von dem wir keine Anschauung haben können. Dann eine kirchliche: Die Allgegenwart verkleinert, inkarniert, konzentriert sich in einem Ort von übernatürlicher Dichte: Welt, Kathedrale, Tabernakel, Hostie. Was die gegenläufige Bewegung vom Winzigen zum Universum anbelangt, so verstehe ich sie als eine gewaltige Explosion, einen unglaublichen Big Bang, der die Steine selbst zum Bersten bringen, die Glasfenster in tausend Stücke zerspringen lassen, die Fensterrosen in Flammen tauchen würde.

Kathedrale in Seenot

Eine der größten Städte der Welt liegt am Fuße des Popocatépetl, des erwachten Vulkans, der mit seinem rauchenden Krater von der Höhe seiner Schneekuppe aus über die Stadt wacht, ohne dass sie, blind vom Nebel der eigenen Luftverschmutzung, ihn sehen könnte. Nicht erst von den Spasmen der Gewalt, sondern auch von heftigen Erdbeben erschüttert, steckt sie überdies hoffnungslos im alten, mehr schlecht als recht trockengelegten See von Tenochtitlán fest, in dem ihre Gebäude allmählich versinken. Der Hotspot zieht die Stadt in den Abgrund. So senkt sich der marmorne Palast der Schönen Künste um drei Zentimeter pro Jahr. Um ihn zu betreten, steigen die Besucher auf Treppen, die ihre Eltern noch hinaufschritten, in eine Krypta hinab. Das ganze Zentrum ist in Bewegung, die Mauern der Straßen können einen schwindlig und seekrank machen. In dieser Stadt ist keine Politik der Natur gewachsen: Die Erde Mexikos ist von Feuer, Luft und Wasser bedroht.

Erbaut neben dem Standort, ja aus den Steinen des zerstörten Tempels, dessen Pracht das Zentrum der alten aztekischen Hauptstadt beherrscht hatte, beginnt auch die riesige Kathedrale mit ihren zwei Türmen und Fassaden, ein Meisterwerk der Christenheit, langsam zu versinken. Von einem Wald von Metallgerüsten gestützt, wird sie von der Kuppel bis knapp über den Boden von einem Stahlseil durchzogen, dessen enormes Pendel im Zuge einer Sinnestäuschung von der Vertikalen abzuweichen scheint. Ihr Boden flieht hier nach links, neigt sich dort nach rechts, rutscht anderswo nach vorne ab; geneigte Altaraufsätze, schiefe Statuen, in alle Richtungen sich verzweigende Spalten und Risse deuten darauf hin, dass sie einstürzen wird, bevor sie versinkt. Ein paar Tiefbauingenieure versuchen sie zu retten, indem sie sie mit Beton unterspritzen, während die Schächte der U-Bahn mit ihrem subterrestrischen Donnergrollen das Ihre dazu beitragen, sie zu untergraben. Schwankend, rollend, schlingernd hat sie sich mehr als alle ihre Schwestern den maritimen Titel des Schiffs verdient. Eines in Seenot und unter den schlechtverteilten Massen in Schräglage geratenen Schiffs, die Mauern zermürbt von den Erderschütterungen, durch bis zum Zerreißen gespannte Stahlseile notdürftig zusammengehalten. Die Gemälde und Goldornamente werden durch zahllose eiserne Stützen verdeckt. Die große Kathedrale, Symbol und Inbegriff der Stadt, krümmt sich vor Schmerzen. Wird sie ihrem chthonischen Schicksal entgehen? Nein, sie wird sterben. Wann? Welche Verschnaufpause eines tausendjährigen Orkans erlaubt es mir, die Teile zu besuchen, die als weniger gefährlich gelten und für Publikum geöffnet sind? Die große Karkasse ringt mit ihrem unabwendbaren Ende.

Sie lebt, im Ungleichgewicht. Sie wankt, aber sie sperrt sich gegen das Zerbersten.

Drei Stätten stehen sich auf dem rechteckigen Platz gegenüber. In der Ecke, die die Kathedrale vom Präsidentenpalast trennt, liegt umgeben von einem gut besuchten Markt mit seinem Geschrei, seinen Farben und einer Wolke von Gerüchen die Ruine der Pyramide, die, es ist keine vierhundert Jahre her, Stufe für Stufe die Zeitabschnitte bis zur Ankunft Quetzalcoatls, der Federschlange mit dem Greisengesicht, maß. Haben die Azteken am Ende vor uns gewusst, dass die Vögel von den Reptilien abstammen und der *sapiens* den Endpunkt dieser Evolution markiert? Haben sie diese Entdeckung, wie man es muss, an der Spitze einer Zeitskala angesiedelt? Verstehen wir diese aufgerichtete Uhr, diese Abstammungslinie, dieses *gnomon*, diesen wissenden Chronometer, der die Zeit des Lebendigen misst? Sollten die Zivilisationen, die uns vorhergingen und die wir zerstört haben, unseren Fortschritt als Rückschritt entlarven, sollte an ihrem Anfang das Wissen um das Leben gestanden haben, während wir nicht aufhören, es zu ignorieren und zu zerstören? Diese steinerne Darstellung des vertikalen Hervorquellens des Lebendigen mit seiner je eigenen Lebensdauer liegt heute unter einer von Tod und Vergessen beherrschten Geschichte begraben. Aber haben zu dieser Geschichte nicht auch jene Zivilisationen das Ihre beigetragen, mit dem Blut und Fleisch ihrer grausigen Opferungen, mit ihren Massakern an Unschuldigen? Die Kontaktstelle zwischen dem Sichtbaren und dem Unsichtbaren lag hoch droben auf dem Tempel, im Körper der Gemarterten, Zwillingsgestalten des Gekreuzigten auf dem Hügel von Golgatha.

Auf der einen Seite dieses Tempels also, dessen Eroberer von alledem wohl weniger wussten als er, verbirgt sich hinter der langen und eintönigen Fassade des Präsidentenpalasts eine Reihe von Fresken, die in schreienden Farben von den Triumphen der Politik künden, mit Marx als allmächtigem Gottvater an der Spitze, ein Glorienbart, der als rasch veraltete Imitation des sixtinischen über eine gemalte Menge befiehlt. Gegenüber versinkt unter dem Einfluss der tellurischen Kräfte die Kathedrale. Auf dem Rest des Gevierts haben Geschäfte und Restaurants ihre Türen geöffnet, von deren Terrasse man auf einen der schönsten Plätze der Welt blickt, von Passanten wimmelnd, lebendig im Schatten eines dreifachen Todes: der Menschenopfer der Azteken auf der Höhe ihrer Pyramiden, des politischen Vergessens und des allgemeinen Untergangs der Bauwerke infolge der Kriegs- und Erderschütterungen.

Welcher dieser Tode ist furchterregender? Sollen wir die Präsidentschaft fürchten, ihre Macht, die Farben ihrer Porträts, die korrupte Polizei, die auf den Straßen mordet und sich unter ihrer Vermummung weniger zu erkennen gibt als die kleinen Gauner? Oder die grausame Weltmacht des Geldes und Militärs, die nicht weit im Norden, und schlimmer als der Vulkan, das Elend dieses reichen Landes aufrechterhält und mit ihrem unablässigen Vernichtungswerk darüber wacht, dass es seine Geschichte nicht in die eigene Hand nimmt? Sollen wir vor Entsetzen zittern angesichts der Schrecken oben auf der Pyramide, wo der

Priester sich in die noch warme Haut des Opfers hüllte, das er bei lebendigem Leib gehäutet hatte? Oder sollen wir beim Betreten der Kathedrale vor Angst erstarren und uns fragen, wie lange sie dem Einsturz wohl noch trotzt? Marx hat sich längst zu Moctezuma und Cortés gesellt, unter der Erde, wo die Kathedrale langsam, im prekären Gleichgewicht der Mächte auf dem Morastgrund des einstigen Sees, der Pyramide und dem Palast nach unten folgt. Die Zeit löscht den Tod, und der Tod löscht die Zeit aus.

Zu alt geworden, um noch Angst vor Menschen und Namen zu haben, halte ich mich an das Feuer, die Luft, das Wasser und die Erde, den Vulkan und den See, den Wind und die Erderschütterungen. Mexiko erlöst einen von der Politik: Auf den Gipfeln der Macht wird es immer leerer. Gewiss, die Strebepfeiler der Kathedrale werden sie nicht lange vor dem Einsinken bewahren, aber ich kenne ihr verzweifeltes Aufbegehren nur zu gut, da ich es ihr gleichtue. Wie sie lebe ich in dieser ungesicherten Spanne verbleibender Zeit, die sich wie ein winziger Keil gegen das *saeculum saeculorum*, die Ewigkeit, stemmt. In der Schwebe wie das Pendel in ihrem Schiff und besorgt über die gleiche Abweichung vom Lot, versuche ich in der Zeit, die sich langsam dem Ende zuneigt, nicht abzurutschen, nicht im zähen Lehm zu ersticken. Meine Mauern sind schief und rissig geworden, meine Kuppel will einstürzen, ich geistere durch dieses Gebäude und nehme teil am Taumel seines Lebenskampfes, meine Füße versuchen, auf seinen schrägen Horizontalen das Gleichgewicht zu halten, mein Skelett richtet sich an seinen schiefen Vertikalen auf, meine Rippen ächzen wie seine Mauern unter ihren Rissen, meine Knochen ragen empor wie seine Eisenstützen, meine Muskeln sind gespannt wie seine notdürftig verstärkten Strebepfeiler, mein Kopf ragt in die ramponierte Kuppel, und unsere zwei Zwillingsschiffe besingend jubelnd dieses lange Schwanken, o du mein Samsonkörper, dessen Kraft die Säulen des Tempels auseinanderzwang! Welches Geheimnis lässt uns beide vor Leben bersten, vor Kraft und vor Freude zerspringen? Mein Hochgefühl, buchstäblich eine Aufwärtsbewegung, entspringt unserm Niedergang. Für die kurze Zeit einer Passion weicht der ewig siegreiche Tod zurück vor der respektlosen Kampfansage der Schwäche.

Auf dass die Religion siege und die Religion vergesse. Dem Untergang geweiht, im Sterben liegend überlebt sie nur dadurch, dass sie auf Erden nicht überleben kann. Sie läutert sich und wird Religion allein dann, wenn sie Recht und Politik, weltliche Macht, finanziellen Reichtum hinter sich lässt. Wenn das Neue Jerusalem kommt, wird die Kirche triumphieren, natürlich, aber jetzt und hier kämpft sie wie ich, da wir beide eine Verabredung mit der Erde haben, die in jeder Schlacht siegreich bleibt.

Am Karfreitag bebte die Erde. Dem Holzkreuz kam offenbar die Senkrechte seiner Längsachse wie die Waagrechte seiner Arme abhanden. Das der Geometrie dieses Baums nachempfundene Bauwerk wankt. Mein kniender Körper aber, mit dem Rumpf an die geneigte Achse der Kathedrale gebunden und durch die schiefe Transversale in Schräglage gebracht, gleicht dem des Gekreuzigten. Allein die Dritte Welt, leidgeplagt und doch lebendiger als alle Reichen und Mächtigen, versteht das Christentum, das Leben im Ungleichgewicht, kurzum: die Inkarnation, die Menschwerdung, die an diesem Hotspot, wie es kaum einen zweiten gibt, brennende Gestalt annimmt, geboren aus der Begegnung zwischen der bebenden Erde und den beunruhigten Menschen, aber auch zwischen der Realpräsenz und dem Gewicht der Steine, das es braucht, um sie zu verwahren.

Erderschütterungen, historische Ereignisse, religiöse Tabernakel, architektonische Strebebögen – Elemente, in denen ganz unterschiedliche Zeiten und Tempi zum Ausdruck gelangen.

Anmerkung: Die vorstehenden Seiten wurden lange vor dem katastrophalen Brand geschrieben, der im April 2019 Notre-Dame de Paris verwüstet hat.

Zeitvergleiche

Ob man der Hypothese der Achsenzeit zustimmt oder nicht – Tatsache ist, ich wiederhole es, dass Konfuzianismus, Buddhismus und Judentum allen Widrigkeiten zum Trotz seit drei Jahrtausenden fortbestehen, noch immer lebendig und gelebt, das Christentum zweitausend Jahre, der Islam fünfzehnhundert. Die Geometrie zweitausendfünfhundert, die Physik fünfhundert Jahre. Wie viele Imperien sind in diesen langen Zeitspannen entstanden, wie viele haben ihre Blüte und ihren Niedergang erlebt, bevor sie endgültig untergegangen sind? Ägyptische Pharaonen, griechische Fürsten und ihre Stadtstaaten, das Römische Reich, der

Feudalismus, Dschingis Khan und Attila, das Heilige Römische Reich Deutscher Nation, die Normannen, spanische Eroberer, italienische Provinzen, Karl V., der Sonnenkönig, Napoleon, das Britische Empire, die Vereinigten Staaten, China …, ich greife wahllos ein paar Namen aus diesem Sammelsurium der Imperien heraus. Und in all der Zeit, die diese brüchigen Gebilde auftauchen und wieder vergehen sah, haben Religionen und Wissenschaften nicht aufgehört, die Völker Eurasiens und schließlich der ganzen Welt zu prägen, ja die Lebensformen und Kulturen von Frauen und Männern von Grund auf zu bestimmen.

Bringt die Begegnung, der Kurzschluss dieser beiden Zeiten und Zeitrhythmen, der Politik und der Religion, einen Hotspot hervor, so wie in Mexiko das Aufeinandertreffen von geologischem und geschichtlichem Leben den Palast, die Pyramide und die Kathedrale ins Wanken gebracht hat?

Uhrenvielfalt

In Wahrheit folgt die Uhr, die eine von der Politik und dem Schicksal der Imperien bestimmte Geschichte misst, einem ganz anderen Rhythmus und vor allem *Tempo* als die Uhr, die den Takt der Rituale, der Mythen und der vom Glauben beseelten Bräuche angibt oder gar die Zeit, in der das Lebendige sich entwickelt hat, ganz zu schweigen von der Zeit der Erde und der sie verändernden Plattentektonik. Das wirft Fragen auf, die vielleicht das Wesen, zumindest aber das Maß der Zeit oder der Dauer betreffen.

Die ersten Seiten meines Buches *L'Incandescent* (etwa: *Das Glühende*) datieren die Dinge, die an einem bestimmten Ort, vor einem Bauernhof in den Alpen zu sehen sind, vor dem ein kleines Mädchen mit einer Puppe spielt. Die im Nachbardorf gekaufte Puppe gibt es seit ein paar Wochen, das Kind hat seinen sechsten Geburtstag gefeiert, seine Großeltern haben gerade achtzig Kerzen ausgeblasen, der Hof und seine Mauern tragen das Dach seit vier Jahrhunderten, die Schafe, Rinder und Schweine wurden im Neolithikum gemeinsam mit einigen Pflanzenarten domestiziert, der Berg türmte sich im Tertiär auf, die auf ihn scheinende Sonne wird in einigen Milliarden Jahren verglühen. An ein und demselben Ort fächern sich unterschiedliche Zeitschichten auf. Ist er gleichwohl ein und derselbe? Welcher Zeitrechnung gehorcht er?

Ich schreibe diese Zeilen nicht in dem Tempo, in dem der Bauer seine Furchen in den Acker pflügt, die Primzahlen erscheinen nicht im selben Tempo wie die ganzen Zahlen, obwohl diese von jenen erzeugt werden; Amöben mutieren und vergehen nicht im gleichen Tempo wie Dinosaurier oder Menschen. Werden die Täler der Anden, der Alpen oder des Himalaya von den Gletschern im gleichen Tempo geschaffen, in dem das Meer der zerklüfteten Küste der Bretagne oder Irlands seine Spuren einschreibt? Verschieben sich die Erdplatten im gleichen Tempo, in dem das Universum expandiert? Hat, kurzum, die Meteorologie ein so sprunghaftes Tempo wie die Launen der Marianne?

Es scheint mir, anders gesagt, unmöglich, Rhythmus, Tempo oder Dauer der Religionen und der Imperien auf ein und demselben Zeitmesser abzulesen, da ihre

Entwicklung und Transformation nicht demselben Muster und derselben Gangart folgen. Die einen sind Jahrtausende alt und bleiben praktisch durch kleine Variationen hindurch dieselben, die anderen säkular und höchst unbeständig. Es bräuchte eine weitere Uhr, um die ultraträge Fortbewegung der unterirdischen Platten zu messen, die unsere Kontinente tragen. Und eine weitere für die Evolution lebender Arten etc. Gewiss gibt es Beziehungen zwischen all diesen unterschiedlichen Zeitmaßen, aber jähe, unvermittelte, unverhoffte, und ebendarum gibt es Hotspots, Vulkanausbrüche, Erdbeben, Tsunamis. Mit einem Mal schlagen zwei oder mehrere Uhren die gleiche Stunde: das Desaster von Lissabon, Hungersnöte, nukleare Winter …

Folge von Hotspots

Sollen wir also die Zeit mit mindestens fünf oder sechs aufeinandergestapelten Uhren messen? Eine universale, den Takt der Großen Erzählung vom Urknall bis heute angebende Jahrmilliardenuhr? Noch eine zweite Jahrmilliardenuhr, auf der sich Entstehung, Blütezeit und Sterben der Arten ablesen lassen? Eine Jahrmillionenuhr, die das oder die Leben der Hominiden anzeigt, zu denen wir zählen? Eine Jahrtausenduhr, deren das Alter der Religionen messende Zeiger sich in der Achsenzeit in Bewegung gesetzt haben? Dieselbe Uhr zeigt auch das Alter der Wissenschaften an, besteht doch bis auf ein paar kleine Variationen die Geometrie seit ihrer Einführung, also seit beinahe dreißig Jahrhunderten unverändert fort. Und sie zeigt das Alter der künstlerischen Meisterwerke an, lassen doch die *Odyssee*, Phidias und Praxiteles, bestimmte afrikanische Masken, *Don Quijote*, das eine oder andere Konzert von Mozart keinerlei Abnutzungsspuren erkennen. Dann braucht es noch eine historische oder säkulare Uhr, die eine Reihe unbeständiger Reiche entstehen und vergehen sah; und schließlich die meine, die Ihre, die persönliche, lediglich ein paar Jahrzehnte zählende, die viele am Handgelenk tragen, von jetzt an bis zur Stunde ihres Todes. Weshalb zählt die Historie nur die eine oder andere dieser Zeiten?

Hotspot Jetzt

Die von diesen Uhren gezählten verschiedenen Zeiten laufen im Jetztpunkt zusammen. Lässt sich die Zeit der Geschichte wirklich denken, ohne einer Linie Rechnung zu tragen, die jene anderen, längeren, über Jahrmilliarden, oder kürzeren, über Tage sich erstreckenden Zeiten durchquert? Weshalb vergessen wir, benommen von unseren kollektiven, oft bis zur Abscheulichkeit grausamen Spielen, die großen Rhythmen des Universums, der Erde, des Wissens und des Schicksals, von denen ich an anderer Stelle gezeigt habe, dass sie alle in einer Schrift und durch sie beginnen und lesbar werden? Heiß, manchmal brennend, stets folgenreich, können diese Kreuzungspunkte zwischen jenen Zeiten, diese Hotspots also unsere Vorstellung von der Geschichte ändern?

Lässt sich die Evolution des Lebens denken, ohne

die Jahrmilliarden zurückreichende Vergangenheit zu berücksichtigen, die ihr vorausgeht und das Hervorgehen von Replikatoren aus leblosen Molekülen möglich macht? Dass die Dauer des Universums dem überdies unwahrscheinlichen Auftauchen von Lebewesen vorausgeht, kann nicht ohne Einfluss auf deren Entstehen, Entwicklung und Vergehen bleiben, indem es sie den notwendigen Gesetzen der Physik und der Chemie unterwirft. Dass die Entwicklung des Lebens und seine Dauer dem Auftauchen der Hominiden vorausgeht, und zwar lange vorausgeht, kann nicht ohne Einfluss auf die Emergenz von Lernprozessen und Kulturen bleiben, wie sie zunächst für tierische, dann für menschliche Kollektive charakteristisch sind. Dass die allmähliche Herausbildung unterschiedlicher Kulturen der Erfindung der Schrift und also der Geschichte um Jahrmillionen vorausgeht, kann nicht ohne Einfluss auf Letztere bleiben. Dass mit dem Achsenzeitalter in großem Umfang Verhaltensweisen auf den Plan treten, die uns als religiös gelten und Jahrtausende überdauern, während die Historie gleichzeitig zahllose politische und soziale Schwankungen kennt und beschreibt, kann die Historie selbst nicht unberührt lassen. Das Verhältnis zwischen diesen Zeiten, in dem die frühere, unermesslich lange die folgende, kurze beeinflusst, gehorcht sicher keinem Kausalgesetz. *Post hoc sed non propter hoc.* Nein, es handelt sich um unscharfe statistische Bedingungen, die real sind, aber häufig verborgen und umso ungreifbarer bleiben, je weiter sie zurückliegen.

Zeit und Tempo

In diesen Überlegungen zur Zeit habe ich mehrfach drei Wörter gebraucht: Dauer, Rhythmus, Tempo. Die Musik unterscheidet zwischen Rhythmus und Takt einerseits, Tempo andererseits. Erstere wiederholen ein und dasselbe Maß: Ob schnell oder langsam, jeder Walzer tanzt konstant im Dreivierteltakt, der sich *adagio*, *andante*, *allegro*, *prestissimo* spielen lässt. Zum festen Rhythmus gesellen sich unterschiedliche *Tempi*. Schlagen das Pendel der Uhr und das des Metronoms den Takt, gibt der um die Achse rotierende Zeiger das Tempo an? Zwei Weisen, die Zeit zu zählen.

So bewegt sich die Welt der Dinge im Rhythmus. Der Rhythmus dient als Rahmen für alle, aber das *Tempo* der Galaxien weicht von dem der Planeten ab, mehr noch von dem der Kristalle, mehr noch von dem der Lebewesen. Unter Letzteren bewegen sich die Eintagsfliegen *presto* im Vergleich zu uns, die wir verglichen mit den Mammutbäumen *allegro* unterwegs sind.

Uhr und Metronom

Ich lege also die Uhr ab und greife zum Metronom, um die Zeit zu messen. Jene folgt dem Ticktack der Unruh, um es in einem Tag-Nacht-Rhythmus, quasi im Sechser- oder Zwölfertakt vergrößert auf ihr Zifferblatt zu übertragen. *Die Uhr ist, rhythmisch, ein Metronom.* Beide Geräte nutzen den Rhythmus, um die Zeit zu bestimmen. Die Schwäche der Uhr aber ist es, das Tempo nicht zu markieren, während es sich durch den Schieber auf dem Pendel des Metronoms stufenlos variieren lässt. Sieg des Metronoms über die Uhr!

Und tatsächlich, sobald man die Zeit mit einem Metronom misst, die Uhr als Teilmetronom und schließlich die Zeit als Synthese von Rhythmus und Tempo begreift, wird mit einem Mal alles klar. Sicher, mein Leben dauert nicht so lange wie das des Meeres oder des Planeten, aber es folgt einem ganz anderen Tempo. Erde und Wasser bewegen sich langsam, ich laufe und denke rasch. Tagesanbrüche und Gezeiten, Pulsschläge und Atemzüge folgen dem gleichen Zweiertakt, die ersten *adagio*, die zweiten *vivace*; das Grippevirus mutiert *presto*, während die Mutationen, die uns zu Menschen gemacht haben, von einem majestätischen *andante* getragen waren. Kann man darum sagen, dass ich ebenso viele Ereignisse wie das Meer oder das Virus durchlebt habe, nur gedrängter? Ließe sich durch exaktere Messung feststellen, dass meine Rede und mein Denken schneller arbeiten als meine Lungen und mein Herz? Der eine lebt intensiver, der andere gemächlich. Addieren sich meine inneren oder somatischen Tempi zu einer Summe wie die der Erde, der Materie oder des Lebendigen? Durchleben wir Menschen ebenso viele Ereignisse wie die, von denen die Dauer des Universums, der Galaxien, Ozeane, Mammutbäume oder Wale skandiert wird – nur eben, verglichen mit ihnen, *allegretto* oder *prestissimo*? Wie sollte ich sie ohne diese Gemeinschaft kennen, wie könnte ich sie lieben? Unbelebt, lebendig oder *sapiens*, wir alle hängen zusammen wie übereinanderliegende Schichten.

Alles *Seiende* schlägt, periodisch, im gleichen Rhythmus, jedes *Existierende* aber hat ein je anderes Tempo, das heißt eine andere Frequenz. Der Rhythmus sorgt in seiner Universalität für die Erhaltung der Existenz, weil seine elementare Ordnung der Entropie widersteht. Denn der Rhythmus wie der Takt – tick, tack –, der sogenannte Zweiertakt, ist eine elementare, denkbar einfache Ordnung. Dreht sich der Kreisel nicht, fällt er um. Rotiert er, bleibt er auf Kurs, zumal dann, wenn er sich schnell dreht. Verringere die Schlagzahl, und er trudelt ziellos umher. Keine Ordnung mehr, Leere, haltloses Chaos oder Stillstand, keine Zeit mehr, kein Seiendes. Fällt der Rhythmus aus, fällt die Existenz dem Zufall, der Unordnung, dem Tod anheim.

Das Tempo aber ist es, dessen Frequenz die materiellen Existenzen, Atome oder Moleküle, Lebewesen, Arten oder Individuen, Organe und Gewebe, Sie und mich individuiert. Die Zeit hängt von den Umständen ab – Rhythmus und Takt markieren Stanzen auf einem Kreis –, die Individuen vom *Tempo*. Jedem seine Frequenz. Geschlossener Kreis des Rhythmus; offenes, vielfältiges Tempo. Indem er der Entropie widersteht, antwortet der Rhythmus auf die Frage *Warum ist überhaupt Seiendes und nicht vielmehr nichts?* Antwort: Weil alles periodisch ist. Das Tempo dagegen, das je nach der Art des Widerstands gegen die Entropie variiert, entspricht dem *principium individuationis*: Es existiert dieses und nicht vielmehr jenes.

Wer bin ich? Die Synthese der vielfältigen Tempi, deren Frequenzen in der Existenz meines Körpers zusammenkommen und zusammenstimmen. Gesundheit oder Krankheit? Harmonie oder Disharmonie dieser Synthese. Tod? Auflösung oder Zerfall dieses Einklangs. Der Gedanke, dass der Tod an einem flachen Elektroenzephalogramm zu erkennen ist, sagt mir umso mehr zu, als demnach jede Existenz eine wie immer komplexe oder chaotische periodische Funktion ist, als markiere die *flatline* das Ende ihrer Schwingungen. Halten Sie die Ausschläge an, und Unordnung, Zufall, Tod, Nichtexistenz sind die Folge. Alles *Seiende* kämpft gegen die Entropie, jedes *Existierende* widersteht ihr auf seine je eigene Weise. Der Rhythmus ist essentiell und universal, das Tempo existenziell und singulär. Alles ist Rhythmus, aber jedes, jede, jeder hat sein oder ihr Tempo. Alles Seiende ist Rhythmus; jedes Existierende folgt seiner Frequenz. Sperren Sie die Ohren auf, lauschen Sie den Drehungen und Schwingungen der Gezeiten, der Planeten, der Sterne, der Jahreszeiten, der DNS, einer Musiksaite, den Farben oder Tönen, Ihren Empfindungen, dem Gerede oder der Musik – Ihre Signale schwingen mit ihren Schwingungen.

Alles ist Zahl, alles *arithmos*? Nein, alles ist *rythmos*.

Wie sich der Schieber des Metronoms stufenlos auf seinem Pendel verschieben lässt, so gibt es ebenso viele singuläre Individuen wie Punkte auf einer Linie – transfinites Schicksal der Existierenden. Keine Uhr, kein Chronometer vermag dies anzuzeigen; daher die zahllosen Irrtümer, denen die Philosophie erliegt, wenn sie die Zeit im Ausgang von einem schlicht bezifferbaren Maß – Kant und die Zahlenreihe – oder die

Dauer im Verhältnis zur wachsenden Entropie denkt – Bergson wartet, dass der Zucker schmilzt.

Die Uhr erweist sich somit als dürftiger Zeitmesser, da sie nur über zwei Tempi verfügt: die Frequenz der Unruh, schnell, die Sekunde schlagend, und die des Zifferblatts, langsamer, der Stunde, dem Tag und der Nacht, der Rotation unseres Planeten folgend. Das Metronom ist dem weit überlegen, kann es doch alle möglichen Frequenzen angeben.

Unsere Unstimmigkeiten, Ahnungslosigkeiten, Missverständnisse, Verkennungen rühren von diesem existenziellen Gemenge unterschiedlicher Frequenzen her. Einer Erkenntnis oder Liebe zu begegnen, die so beschwingt, *allegretto*, ist wie meine, ist ein Wunder. Ja, ein Wunder, da man doch denken sollte, die ungeheure Vielfalt verschiedener Frequenzen, das Nebeneinander unterschiedlicher Tempi führe zu schrillen Kakophonien aller Art. Niemand hat je *adagio* und *presto* auf einmal gespielt. Die Schwierigkeit, zu erkennen oder zu lieben, hat ihren Ursprung in dieser Unordnung. Und doch existiere ich als Summe oder Synthese aller verschiedenen Tempi meiner Organe und Funktionen. Und doch existieren die Erde, die Welt, das Universum als solche Ein- und Zusammenklänge von Milliarden Frequenzen. Sosehr Herz, Lunge oder Leber kraft ihres je eigenen *Tempos* individuiert sind, so sehr müssen sie sich alle miteinander zu einem Organismus fügen. Gesundheit: Einklang der Frequenzen. Wahnsinn oder Krankheit: Zersplitterung. Ob eine Galaxie, ein Sturm, ein junges Mädchen, wir alle sind Fourier'sche Reihen. Das Leben, das sich nicht definieren, das Universum, das sich nicht zusammenfassen lässt, sie verbinden diese Vielfalt, sie bringen sie zum Einklang und verhindern die mögliche Kakophonie. Kurzum: Ich, die Lebewesen, Erde und Himmel … – als rhythmische Wesen verbinden wir kraft einer Kontinuität, die das singuläre Gefüge unserer Frequenzen eint, die Dinge miteinander.

Imitatio mundi

Nichts anderes leistet das Religiöse. Wie das Universum, das Leben oder die Welt verbindet es die Dinge, die Lebewesen und die Menschen. Weihnachten im Winter, Ostern im Frühling, Berechnung der Epakte, um die Rhythmen von Sonne und Mond miteinander in Einklang zu bringen … Die Feiertage bilden den Rhythmus der Jahreszeiten und Jahre, ihre unterschiedlichen Frequenzen nach. Ebenso bringt das Religiöse die Lebensalter zur Darstellung: Empfängnis, Geburt und Tod Christi werden feierlich begangen. Die Sakramente verbinden die Stationen des Lebenslaufs, von der Taufe des Neugeborenen über die Firmung des Heranwachsenden und die Hochzeit im Erwachsenenalter bis zur letzten Ölung. Und schließlich die Riten, ob gewöhnliche Alltagsriten oder die eigentlichen Riten für die außergewöhnlichen Tage: Psalmen, Litaneien, der Rosenkranz. So weit die Signale, das verkündigte oder gebetete Wort. Den Rhythmus der Welt nachbildend, verbindet das Religiöse ihre Tempi.

Das Kloster bietet ein verkleinertes und verdichtetes Modell der ganzen Religion, indem es die Welt, das Leben und den Menschen mimt. Matutin, Laudes, Prim,

Terz, Sext, Non, Vesper, Komplet skandieren Tag für Tag die kanonischen Stunden im Tagesablauf; die Klausur blendet den umgebenden Raum, wenn nicht den Raum überhaupt aus, um die rhythmische Ordnung zu vereinheitlichen, zu verdichten, so dass zugunsten dieser periodischen Ordnung die verstreichende und fließende Zeit selbst erlischt.

Entscheidungsschlacht gegen die Entropie! Darin kehrt unser altes Puteal zurück, dessen runder Kamin demjenigen, der in diese rhythmisierte, vom Hochamt bis zum Abendgebet und von der Matutin bis zur Vesper getaktete Zeit eintritt, einen Vorgeschmack auf die Ewigkeit gibt. Örtlich begrenzt und scharf umrissen, durchquert dieser Hotspot die Tempi der Welt.

Schnell zwei Gebete sprechen, zwei Hotspots: »Vater unser, der du bist im Himmel«. »Vater« markiert ein Generationenverhältnis; »unser« nennt eine Gemeinschaft; »Himmel« überwölbt die Welt. In sieben Worten umfasst oder durchquert dieser Hotspot die Lebenden, verbindet sie mit der Gemeinschaft, dann mit dem Universum, unterwirft sie einem gemeinsamen Rhythmus und verknüpft ihre unterschiedlichen Tempi. Ganz wie Jupiter in einem einzigen Namen den Tag und den Vater, die Welt und das Leben, das Äußere und das Innere, das Natürliche und das Kulturelle verband.

Hotspot-Reihen

Um der Energie der Religionen gerecht zu werden, habe ich zum Bild der tektonischen Platten gegriffen, das weniger das Oberflächliche dem Tiefen entgegensetzen als vielmehr die ganze Vielfalt der Tempi des Existierenden ins Relief setzen soll. Als träge, tief liegende tektonische Platte, die unsere rascher verlaufende Geschichte trägt, bindet uns die Religion ständig zurück an die Große Erzählung der Welt, an den rhythmischen Herzschlag der Materie und des Lebendigen, an Erde und Himmel, Wasser und Feuer, an das eine wie das andere. Sie verbürgt durch ihr Tempo den fließenden Übergang zwischen Universalem und Singulärem. Göttlich, denn sie geht über uns hinaus oder liegt uns zugrunde, menschlich, denn sie hört nicht auf uns anzutreiben, anders gesagt: den Boden unter unseren Füßen in Bewegung zu setzen. Die Religion verbindet mein Herz mit dem Meer, meine Lungen mit dem Gebirge, meinen Hunger mit der Erde, meine Empfindungen mit den seismischen Erschütterungen, das Feuer der Vulkane und das Licht der Sterne mit der Wärme meiner Glieder, meines Geschlechts und meiner Gefühle; ihre glühende Platte verbindet meine Liebe und mein Wissen mit denen anderer, verbindet mein Leben mit den Geschicken der Welt und der Menschheit.

Schornstein des Jetzt

Ich komme auf die von den Metronomen gezählten Zeiten und Tempi zurück. Sie führen in mir und außer mir ins Jetzt und Hier wie in die Öffnung eines Schornsteins, in dem unzählige verschiedene Tempi zusammenlaufen. In meinem Lebensalltag habe ich meine Kohlenstoffatome so wenig im Blick wie die Erdanziehung, ohne die ich nicht laufen und springen könnte. Die Gesten der Schimpansen, meiner Vettern, die ich mitunter unwissentlich nachahme, wie den etwas schwankenden Gang von Lucy, werden mir ab und zu vielleicht bewusst. Öfter schon dringen die Stammwurzeln meiner Sprache und die verbrecherischen und faszinierenden Menschenopferrituale an die Oberfläche des Bewusstseins. Noch besser erinnere ich mich an den Sturm auf die Bastille, der in Frankreich Jahr für Jahr am 14. Juli feierlich begangen wird, und die Kindheit schließlich kommt mir immer wieder in den Sinn. Ich kann also in der Gegenwart Bohrungen vornehmen wie die Glaziologen im Inlandeis. Auf den aus der Tiefe extrahierten Bohrkernen lassen sich immer tiefer liegende Schichten ausmachen, von denen jede einzelne ihrem eigenen Tempo folgt, Ausläufer, die umso weiter von der Oberfläche entfernt sind, je mehr Zeit seither verstrichen ist. Je tiefer sie liegen, desto universaler, also länger und langsamer, je näher sie der Oberfläche sind, desto singulärer, also schneller sind sie.

Absinken in immer tiefere Vergessenheit heißt indessen nicht schon wachsende Bedeutungslosigkeit, ganz im Gegenteil. Ich wäre nichts, ich könnte weder denken noch handeln, die Geschichte selbst wäre nur ein Lüftchen, gäbe es nicht die feste und beständige Grundlage dieser tiefer liegenden Zeitschichten. Ohne Materie, Wärme, Energie, Erde, Leben, Hominisation und Rituale, ohne die Gesamtheit ihrer Gesetzmäßigkeiten oder Ordnungen keine kollektive Geschichte und keine private Existenz.

Das Ablesen der Zeit auf dem Metronom lässt, anders gesagt, eine globale, versetzte, unablässig wiederaufgegriffene und wiederholte, breit aufgefächerte und vielschichtige zeitliche Entwicklung erkennen, die sukzessive Elemente mit sich trägt und formt in einem Fluss, der sich in seinem unregelmäßigen und unvorhersehbaren Lauf verzweigt und auf unverhoffte Gestade trifft, die zwar je nach Tempo unterschiedlich, aber durch einen Verlauf mit konstantem Rhythmus geformt sind.

Wir können nicht so denken und handeln, als wären wir nicht aus Materie entstanden, als wären wir nicht später zunächst Lebewesen, dann Tiere gewesen, als hätten wir nicht, noch später, Verhaltensweisen und Gedanken ererbt, die unserem kulturellen Tiefengedächtnis eingraviert sind, kurzum: Wir können nicht so tun, als wären wir nicht als religiöse, soziale und politische Tiere auch heute noch jener anderen Welt überantwortet, die von der Großen Erzählung modelliert und evoziert wird. Wir leben, ich lebe in diesen und durch diese vielschichtigen und vielgestaltigen Welten, wir sind, ohne immer zu wissen wie, aus dieser unabschließbaren, das Objektive, das Kollektive, das Kognitive schaffenden Großen Erzählung hervorgegangen, sie hat uns zu den Subjekten gemacht, die wir heute sind. Diese übereinanderliegenden Tempi erlauben es, die darwinsche Revolution auf das gesamte Universum auszuweiten. Ich bin, wir sind materielle, lebendige, kulturelle, historische, individuelle Wesen. All das ist verknüpft, verbindet sich miteinander, und all das lässt sich wiederlesen, aber dafür ist der Schieber des Metronoms geeigneter als Zifferblatt oder Unruh der Uhr.

Im Jetzt tut sich unter mir dieser Schacht, dieser Kamin auf. Bin ich ein Puteal, ein Hotspot?

Das Verbindende. Dritte Lesung

Wo befindet sich in diesem Übereinander von Tempi die tektonische Platte, in der Religion und Wissenschaften das Tempo angeben? Sie scheint mir eher vertikal zu verlaufen: von der darwinschen der Naturgeschichte der Arten über die, in der der Prozess der Hominisation anläuft, bis zu der, die das Zeitmaß des politischen Lebens von Städten und Gruppen vorgibt. Bestimmt durch das, was unter ihr, bestimmend für das, was über ihr liegt, also maßgeblich für die Bildung, die Originalität, die Orientierung der Kulturen.

Aber alle anderen Platten bewegen sich, wenn ich recht sehe, in realen, voneinander abgesetzten Tempi, während das Religiöse eine anders geartete, nicht von anderen abgegrenzte, sondern alle umfassende Welt bezeichnet. Virtuell, formal, manchmal ewig, dient diese andere Welt wie eine ungeheure Akkolade, eine geschweifte Klammer, dazu, das Kognitive meiner, unserer Erkenntnis mit dem Objektiven, Kollektiven, Emotiven und Subjektiven zu *verbinden*. Mythen und Religionen berichten in der Tat auf ihre Weise vom Ursprung der Welt und von dem Entstehen zunächst der Lebewesen, dann der Menschen, sie besingen ihr Schicksal und den Sinn ihres Lebens, ihre Gemeinschaften und ihre Geschichte, ihre persönliche Intimität. Sie *verbinden* ihre sukzessiven tektonischen Platten.

Dieses Band, diese Bindung, diese Verbindung, dieses Verhältnis, diese Verknüpfung, diese Einbindung, diese Naht, diese Kopplung oder Ligatur, dieses Universale – sie haben eine Art Matrixfunktion, wie eine Synthese. Wie ein alle anderen Platten durchdringender Strahl, möglich nur, weil er, dem Rhythmus nach konstant, alle Platten durchqueren und, vielfältig, das Tempo wechseln kann. Es genügt also, diese vertikale Aufwärtsbewegung als solche herauszupräparieren, sie zu reinigen, sie von jedem emotiven, kollektiven oder subjektiven Zweck freizustellen, um danach spezialisierte Erkenntnisformen zurückzubehalten, die allein dem Verständnis des Objektiven und dem praktischen Umgang mit ihm dienen.

Zwei Ereignisse

Ereignisse wie der Besuch der weisen Könige, die Weihnachtsnacht oder die Einsetzung der Eucharistie während des letzten Abendmahls am Gründonnerstag mögen der historischen Kritik als imaginär gelten, ausgedacht von glühenden Anhängern, die es mit den Fakten nicht so genau nehmen. Wer wollte die Triftigkeit solcher Studien bestreiten? Ich vertraue ihnen. Es glaubt ja auch meines Wissens kein Mensch, Thales sei zu den Pyramiden gereist oder Hippasos von Metapont sei ertrunken, weil er das Geheimnis der irrationalen Zahlen preisgegeben hatte. Und dass der Ätna nach dem Selbstmord des Empedokles eine Sandale wieder ausgespien hat, darüber kann der gestrenge Kritiker begreiflicherweise nur lachen.

Liest man aber, wie ich es oben getan habe, drei oder

vier dieser Begebenheiten wieder, begreift man etwa das Ereignis der Eucharistie als letzten Stand eines uralten Opfergesetzes, als Endpunkt einer Entwicklung, die vom Menschenopfer über das Tieropfer zum Verzehr von Opfergaben führt, die nicht mehr der Fauna, sondern der Flora entstammen – ich gehe noch darauf ein –, dann werden diese Ereignisse als Hotspots erkennbar, an denen das lebhafte Tempo der Geschichte sich mit dem der Religionen und des strengen Wissens überschneidet. Mit einem Mal decken sie sich.

Hotspots

Wie lässt sich also beschreiben, was weder erwiesene Tatsache noch dokumentiertes Ereignis, sondern Mythos ist, grundloses Hörensagen, das dem strengen Maßstab der historischen Kritik nach weder wahr noch falsch und doch von so abgründiger Tiefe ist wie ein Vulkanschlot und einen Einfluss ausübt, der so beständig ist wie dessen Ausbruch und erkaltete Lava? Wie kann, anders gefragt, ein Ereignis, das nie stattfand, Jahrtausende nachhallen und zumindest den ihm geweihten Gedenkfeiern nach gewichtiger sein als bedeutende historische Tatsachen wie der Sieg einer Armee oder eine Thronbesteigung?

Tatsächlich wird der Untergang des Römischen Reichs so wenig feierlich begangen wie die von Attila angerichteten Verwüstungen. Aber viele von uns beten jeden Morgen, um in der Stille der sei es auch kleinsten Kapellen der Welt jene Eucharistie ohne jede historische Konsistenz zu feiern. Und zumal in den lateinischen Ländern ist die *Befana* einer der höchsten Feiertage, auch wenn die Heiligen Drei Könige nie existiert und die Krippe nie besucht haben – wie denn auch Tausende von Menschen rund um den Globus rechnen und mathematische Beweise führen, ob es die Pythagoreer nun gegeben hat oder nicht.

Wie kann ein Fast-Nichts von so großem Gewicht sein? Ganz einfach: Es *verbindet* alles andere, so wie ein Dirigent mit seinen Gesten die unterschiedlichen Instrumente und Stimmen eines Orchesters zum Einklang bringt.

Legenden oder Tatsachen?

Was ist überhaupt eine historische Tatsache? Ein reales Ereignis, das einst die Welt verändert haben mag, an das sich aber bis auf ein paar Gelehrte niemand mehr erinnert? Oder aber, auf der anderen Seite, eine vage, aber hartnäckig sich haltende Legende, die über eine lange Zeit eine Schar von Getreuen um sich versammelt, ein durch und durch erdichtetes, aber Jahrtausende nachhallendes Ereignis? Die Schlacht von Salamis befreite die Griechen von der ständigen Bedrohung durch die persische Macht – aber was ist von beiden Großmächten geblieben? Scipio zerstörte Karthago, Rom triumphierte – aber was hat von beiden Imperien die Zeiten überdauert? Quasi unverändert ist dagegen das Erbe der Achsenzeit auf uns gekommen. Und an der Geometrie hat sich bis auf ein paar Linien wenig geändert.

Nimmt man das Wort Legende in dem positiven

Sinn, in dem es am unteren Rand einer Landkarte angibt, »wie sie zu lesen sei«, wie wir die Zeichen auf ihr entschlüsseln sollen, so kann man das Bild des Hotspots oder des Kamins, der dank jener vertikalen Akkolade die Tempi verbindet, als Teil der Legende der Jahrhunderte und Jahrtausende begreifen. Ja, das Legendäre wiegt in unseren Alltagskulturen und -gesten oft mehr als gut belegte historische Fakten, nach denen kein Hahn kräht.

Das sind die Punkte, an denen Religionen oder Wissenschaften, die beide tiefer liegen als die Oberflächengeschichte, sich verbinden; und um sie entschlüsseln zu können, müssen wir ihre fremd anmutenden Legenden wiederlesen, so wie ich jüngst versucht habe, die Strophen der Großen Erzählung herauszuarbeiten.

Geschichtsphilosophie

Wie sieht es nun mit der globalen Plattenbewegung aus? Wie führt die tief liegende Platte, träge und beharrlich, die historischen Kontinente mit sich, deren disparate Tempi und Zeiten sie lange trägt?

Die griechische Antike kannte nur eine Konzeption der Zeit als Kreis, also auch nicht die unumkehrbare Geschichte, wie wir sie heute verstehen. Sie wurde erst von den Schriftpropheten Israels erfunden, und das aus zwei Gründen. Zunächst, weil diese die Zukunft ankündigten: Gott verwirklicht sich erst in der Geschichte und durch die Geschichte des auserwählten Volkes. Welche andere Kultur hatte je ihre Zukunft derart vorweggenommen? Dadurch wird Zeit allererst bedeutsam. Um sie zu denken, genügt es nicht, in der Zahlenreihe fortzuschreiten, wie Kant glaubte. Man braucht ein umfassendes, eher ordinales als kardinales Projekt. Und dieses Projekt, das für die Juden unumkehrbar ist, trägt einen Namen, den des Messias. Das auserwählte Volk wartet auf ihn; die Christen erkennen ihn in der Gestalt Christi und warten ihrerseits auf seine Rückkehr. Dass Gott sich im Geschick des von ihm auserwählten Volkes verwirklicht, erfüllt die Zeit in ihrer Dauer mit Bedeutung; dass ebendieses Volk den Messias erwartet, gibt ihr ein Ziel und ein Ende. Das ist sie letztlich, die tief liegende Platte, die erste, religiöse Geschichtsphilosophie. Bedeutung gewinnt sie durch die Beständigkeit des Rhythmus.

Neues Band, neue Ligatur: Joachim von Fiore erschien die zweite Philosophie der Geschichte im Traum. Gottvater erschuf die Welt, sagt die Schrift, Gottes Sohn stieg auf die Erde herab, sagen die Evangelien, und wir erwarten ein drittes Zeitalter, das des kommenden Geistes. Denn Christus, der die Frohe Botschaft gelebt und verkündet hat, ist tot, ist wiederauferstanden, ist entschwunden. Der mittelalterliche kalabrische Mönch überfängt die Dauer mit dem Dogma der Trinität. Im Traum, heißt es immer, aber entscheidend war, dass er alles *verband*.

Denn ob fromm oder gottlos, spiritualistisch oder materialistisch, tatsachengläubig oder aus der Luft gegriffen, fantastisch, imaginär oder szientistisch – tatsächlich kam keine Geschichtsphilosophie seither ohne diese Dreiteilung aus. Und keine hat es sich nehmen lassen, das Reich des absoluten Geistes, die Utopie des ewigen Friedens oder die klassenlose Gesellschaft in die Zukunft zu projizieren. Ich gestehe, dass ich selbst dieser Versuchung erlegen bin, indem ich die Anfänge eines weichen Zeitalters auf unsere Gegenwart datiert habe. Henri de Lubac hat in einer gelehrten, materialreichen, aber auch durchaus stringenten Studie gezeigt, wie bruchlos diese trinitäre Tradition sich durch kleine Variationen hindurch erhält. Wieder und wieder aufgegriffen, vom Mittelalter bis zu Pascal und Bossuet, von der Aufklärung, von Hegel, von Marx, hat der Messianismus die Jahrhunderte unversehrt überstanden. Die Geschichtsphilosophie heftet sich an die vertikale Platte der *Religionen*, die verschiedene Tempi miteinander *verbinden*. Denn aufgrund ihrer Spezialisierung bildet keine der anderen tektonischen Platten eine so umfassende Klammer.

Gloria

Die ungezählten Generationen, die Jahrhunderte und Aberjahrhunderte den letzten Vers der Riten und Rezitative des Christentums oder des Katholizismus, *Gloria Patri, et Filio, et Spiritui Sancto*, psalmodiert haben, Ehre sei dem Vater und dem Sohn und dem Heiligen Geist – haben sie auch ebenso lang über den Satz nachgedacht, der diesem Lobpreis folgt, *sicut erat in principio et nunc et semper et in sæcula sæculorum*, wie im Anfang, so auch jetzt und alle Zeit und in Ewigkeit? Der Satz bringt die Zeit von ihrem Anfang über ihren Fortgang bis in alle Ewigkeit zur Sprache. Zwei unterschiedliche, voneinander abgesetzte Verlautbarungen, deren eine die Dreifaltigkeit besingt und preist und deren andere das Ganze der Zeiten nennt und eint. Verbunden werden sie durch ein einziges Wort, die Konjunktion *wie* im Deutschen, *comme* im Französischen, *sicut* im Lateinischen. Haben sich all die Generationen, die über Jahrhunderte diese Akklamation angestimmt haben, die Unmöglichkeit dieses *sicut* vor Augen geführt? Denn es versteht sich nicht von selbst, dass die Ewigkeit, wie fragmentiert sie auch sein mag, sich in der Zeit verteilt und verliert.

Und doch beschwören sie feierlich, dass die Dreifaltigkeit sich konjugiert, sich mit der weltlichen Dauer, der Zeit des Lebendigen und der Menschen vereinigt. Ist die Dreifaltigkeit ein anderer Name der Zeit, gleicht sie ihr? Ja, sie ist *wie* sie, *sicut*. Setzt diese Konjunktion sie beide in Verbindung? Ja, denn die Dreifaltigkeit, obwohl ewig, entfaltet sich in der Zeit, oder besser: Sie lässt die Zeit sich entfalten, als würde sie die Zeit gliedern, skandieren, sie wie eine dreifältige Akkolade verbinden oder verknüpfen. Sie ist wie sie, *sicut*, die eine ist wie die andere. Und wie die Dreifaltigkeit entfaltet sich die Dauer in drei Gliedern: Gott im Anfang, der Menschgewordene jetzt, der Geist dereinst und für immer. *Drei Einzelne in einem dreieinigen Gott, drei Seiende in einem dreieinigen Sein, drei Zeiten in einer dreieinigen Zeit*. Die Dreifaltigkeit gelangt also in diesen drei Dimensionen zum Ausdruck: im Anfang, in der Großen Erzählung des Universums der Dinge und der Evolution des Lebendigen; jetzt, in der Fleischwerdung Christi und der menschlichen Geschichte; für immer und ewig, denn der Geist sinnt unermüdlich auf Neues, er lässt Unverhofftes auftauchen, er treibt unser Denken an, er stellt uns vor Abzweigungen, die sich im Prozessieren der Dinge und Lebewesen ebenso auftun wie in den Ereignissen unserer Geschichte. Das Walten der Dreifaltigkeit in der gesamten Geschichte lässt jedes »Jetzt« zum Hotspot werden. Speiste sich die Eingebung des Joachim von Fiore aus jener Gebetsformel, jener zweimal dreifaltigen und zugleich unauflöslich dreieinigen Akklamation?

So rätselhaft dieses *wie* oder *sicut* anmutet, es überträgt, übersetzt die Ewigkeit in jedes Zeitatom, trägt sie in es hinein, als sollte die Zeit von ihrer Intensität erfüllt werden. Der Hotspot des flüchtigen, unbeständigen Jetzt erstrahlt, er brennt vor Ewigkeit. Wie ist das möglich? Werden wir jemals wissen, wie die ewige Transzendenz als Blitz in den winzigsten Augenblick der Immanenz fahren kann?

In diesen glühenden Spiegel zu blicken, in dem die Zeit bewegliches Abbild der Ewigkeit ist, dieses Junktim zu erfahren, diese Konjunktion, diese Übertragung, diesen Widerschein, diesen Bindestrich, dieses Band, diese Engstelle, diesen Tunnel, diese Verjüngung, diesen Schacht, diesen Schlot, diese Passage, diesen Flur, diesen alles mit sich reißenden Sturzbach, diesen Wasserfall, diesen gleißenden Blitz, der das Kontingente mit dem Unveränderlichen kurzschließt – das überantwortet die Existenz der Ekstase.

Streuung vielfältiger Hotspots, Nacht

Gott ist in tiefes Dunkel gehüllt, sei es in der Weltnacht, in der er aus der Wissenschaft geflohen ist, sei es in der Ungläubigkeit meiner Seele oder der Unwissenheit meiner Vernunft, übermannt von den Widersprüchen, mit denen seine Existenz behaftet ist, sei es in dem undurchdringlichen Geheimnis, das mich nach dem Tod erwartet. Gott hat sich in diese Finsternisse zurückgezogen.

Es kommt vor, dass mir, der ich im Westen des 21. Jahrhunderts lebe, genug Geld habe, um zu essen, zu trinken und nicht frieren zu müssen, mir auch ein gewisses Wissen angeeignet habe und einigermaßen der Sprache mächtig bin, dass mir also ein Stern erscheint, schwach, flackernd vor dunklem Grund. Ich folge ihm, und am Ende einer Reise, die so lang wie mein Leben ist, trete ich nicht aus einer platonischen Höhle ins mittägliche Sonnenlicht, sondern mitten in der Nacht an eine Krippe, in der ein Neugeborenes wimmert, unter Tieren und Hirten, zwischen dem Vater und der jungen Wöchnerin, kaum zu erkennen im Höhlendunkel.

So begreife ich langsam, dass die Nacht das Modell nicht bloß der Erkenntnis, sondern auch der Geburt ist. Alles beginnt in dunkler Nacht – *noche oscura* –, im Unscheinbaren und Geringfügigen. Der Stern erlischt im noch dämmrigen Licht eines Tagesanbruchs. Alles beginnt mit dem Kleinsten und Unbedeutenden, mit dem Lallen, das Sprache wird, mit der Not der Obdachlosigkeit, der alle Werte entspringen, mit der Unwissenheit der Hirten, aus der das Wissen hervorgeht, mit einem Senfkorn, das üppiger Baum zu werden verspricht, mit einem Schmetterling, dessen zarter Flügelschlag einen gewaltigen Sturm auslöst, mit dem Potenziellen, dem Virtuellen, die so gut wie nichts sind und doch neue Welten in sich bergen, mit der flüchtigen Inspiration, deren Hauch ein Gedicht oder Theorem ins Leben ruft, mit einer entlegenen Abstraktion, die der Erklärung des vorhandenen Universums dient, mit dem Mitgefühl, das dem verwundeten Bruder im Graben gilt, um sich dann auf die ganze Menschheit auszudehnen. Diese Frohe Botschaft kommt ohne Gesetz, ohne Befehl, Vorschrift oder Regel über mich, in einer disparaten und beglückenden Überfülle, wie ein blendender Sturzbach epiphanischen Lichts. Morgenröte der Glückseligkeiten, von Galaxien und Sternbildern milliardenfach erhellte Nacht, Atome und Welten, Zellen und Organismen, Noten und Musikstücke, Buchstaben und Sprachen, Elemente und Systeme, Axiome und Geometrien, Individuen und Gruppen … – geboren aus einem infinitesimalen Brennpunkt, miteinander *verbunden* durch jene Akkolade, von der ich gesprochen habe, sind diese Hotspots, die als Scheitelpunkte das Netzwerk des Universums mit dem Unendlichen verknüpfen, ebenso viele Orte der Ekstase. *Coeli et terra enarrent universa mirabilia tua*, Himmel und Erde berichten von all deinen Wundern.

Aber leider kann diese überwältigende Helle sich ihrer Natur nach stets wieder im undurchdringlichsten Dunkel verlieren, wie in dem, in dessen Schutz gewalttätige Männer in Waffen Unschuldige abschlachten. Um diese unwahrscheinliche Geburt, dieses Wimmern eines stets Neugeborenen vor jener Gewalt zu bewahren, deren frenetische, unermüdliche Energie es später dem Martertod überantworten sollte, um diese unverhoffte Mutation vor der erbarmungslosen Eliminierung durch das gesellschaftliche Umfeld zu retten, fliehen die Eltern mit ihm nach Ägypten, in ein Land, das die damaligen Juden mit dem Scheol, einem Schattenreich von unentrinnbarer, tödlicher Finsternis, verglichen, in das Gott, einmal mehr *absconditus*, sich zurückzieht, um sich zu verbergen. Erneut ist Er abwesend, erneut sehe ich niemanden.

Aller Macht beraubter König, Magier bar jeder Wissenschaft, muss ich mich wieder auf Wanderschaft begeben.

II.
Gewalt und Liebe
Horizontale Verbindung

Zur Genese von Verbindungen

Wie eine gewaltige Klammer verbindet die Religion auf einer vertikalen Achse Himmel und Erde, Transzendenz und Immanenz. Auf horizontaler Ebene verbindet sie auch die Menschen, zu Gruppen, Prozessionen, Versammlungen. Der Hotspot, an dem diese beiden Dimensionen sich überschneiden, hört im Christentum auf den Namen der Inkarnation. Und es ist zumal die *communio sanctorum*, die Gemeinschaft der Heiligen, die beide Dimensionen verknüpft, von denen eine eher die harten Wissenschaften, die andere eher die Geistes- und Sozialwissenschaften auf den Plan ruft.

War der erste Teil dieses Buches so schnell unterwegs wie ein von oben herabfahrender Blitz, so bewegt sich der jetzt folgende eher gemächlich wie eine Flut, die einen weitläufigen Strand unter Wasser setzt. Zwei Tempi. Erster Teil: *Allegro*, zweiter Teil: *Andante*.

Die Tränen des Petrus

Ich suche nun also nach den Quellen, denen die Mechanismen der Kollektivbildung entspringen. Auf einer Parkbank küssen sich zwei Verliebte, und alle gehen vorüber. Zwei Rüpel streiten sich, Worte und Gesten werden heftiger, und viele schauen hin. Nach einem schweren Unfall liegen die Opfer in ihrem Blut, und alle bleiben stehen, versammeln sich an der Unfallstelle. Gewalt und Tod verbinden das Kollektiv. Das Tragische ist seine große Leidenschaft. Die Medien schlachten diese Obsession aus und füttern uns Tag für Tag mit Leichen und Todesfällen.

Ist uns andererseits bewusst, wie sehr das Lachen selbst große Menschenmengen zu mobilisieren, zu einen, zu verbinden vermag? Wir sollten das Komische nicht zu scharf vom Tragischen trennen. Das kritische oder hämische Lachen kann so mörderisch sein wie entfesselte Gewalt, während die Moral das liebevolle und nachsichtige Lachen gutheißt, dessen Milde beschwichtigt. Auf diese Semiunterscheidung lässt sich eine ganze Ethik gründen: Sitten und Gebräuche durch Gelächter zu korrigieren, ist eine von der Commedia dell'arte bis zu meinen *Morales espiègles* (etwa: *Schelmenmoral*) bewährte Praxis. Beide aber, die Komik wie die Tragik, sorgen dafür, dass sich die Ränge des Theaters füllen.

Betrachten wir zuerst kleine Gruppen, die sich häufig im Zuge eines gewalttätigen, in einer Tötung gipfelnden Schauspiels bilden. Erweitern wir dann den Gesichtskreis, um zunächst eine Menschenmenge ins Auge zu fassen und schließlich die Weltkarte vor uns auszubreiten.

Fürs Erste eine kleine Zusammenrottung, ein erstes Tribunal.

> Petrus aber saß draußen im Hof. Da trat eine Magd zu ihm und sagte: Auch du warst mit diesem Jesus aus Galiläa zusammen. Doch er leugnete es vor allen und sagte: Ich weiß nicht, wovon du redest. Und als er zum Tor hinausgehen wollte, sah ihn eine andere Magd und sagte zu denen, die dort standen: Der war mit Jesus dem Nazoräer zusammen. Wieder leugnete er und schwor: Ich kenne den Menschen nicht. Wenig später kamen die Leute, die dort standen, und

sagten zu Petrus: Wirklich, auch du gehörst zu ihnen, deine Mundart verrät dich. Da fing er an zu fluchen und zu schwören: Ich kenne den Menschen nicht. Gleich darauf krähte ein Hahn und Petrus erinnerte sich an das Wort, das Jesus gesagt hatte: Ehe der Hahn kräht, wirst du mich dreimal verleugnen. Und er ging hinaus und weinte bitterlich. (Matthäus 26,69-75)

Bei Lukas (22,55-62) spielt die gleiche Szene, packender, vor einem großen Feuer, das man im Hof entzündet hat; eine Dienerin erkennt Petrus im Licht der Flammen.

Viermal, fast gleichlautend in den synoptischen Evangelien, etwas knapper bei Johannes, hören wir den Bericht von Petrus' Verleugnung Jesu, der sich uns als menschlicher, allzumenschlicher Augenblick der Passion ins Gedächtnis eingebrannt hat. Die schmerzliche Episode ist in eine Reihe bildlicher Darstellungen eingegangen, von Caravaggio etwa oder Rembrandt, aber auch in Gedichte, wie Charles Baudelaires *Le Reniement de Saint Pierre*, und Motetten, wie bei Marc-Antoine Charpentier.

Nachts am Kohlenfeuer

Getrennt von der Gemeinschaft der Jünger, folgt Petrus seinem Herrn von ferne, er irrt wie eine rastlose Seele bis in den Hof des Gerichts, in dem die Gesetzlosigkeit den Unschuldigen verurteilt. Verzweifelt setzt er sich zu ein paar Knechten und Dienern, die sich an einem Kohlenfeuer wärmen. Vor der in der kalten Nacht fröstelnden Gruppe leugnet er. Petrus, der Apostel, der erste Papst, Grundstein der künftigen Kirche, leugnet, vom ersten Wort an.

Dreimal verleugnet er Christus, obwohl dieser es ihm vorausgesagt hatte. Niemand bedroht ihn. Da ist nur eine Magd, die ihm eine Frage stellt, die später von anderen wiederholt wird, stets in der gleichen Form, vielleicht ergänzt um jene kleine Stichelei, mit der man sich über mich wegen meines okzitanischen Akzents so oft lustig gemacht hat: Dein Akzent verrät deine Herkunft! Und so verleugnet er seinen Herrn, dem er doch treu ergeben ist. Er, der so reinen Herzens ist, Petrus, der Heilige, besudelt und versündigt sich. Er leugnet, um sich vor dem hämischen Gelächter zu schützen, er leugnet, weil er den Spott fürchtet.

Offenbart diese Geschichte die Schwäche des Petrus, überführt sie ihn der Sünde? Ich widerstehe für einen Augenblick der Versuchung, mich dieser gängigen Anklage anzuschließen.

Die zwei Tribunale

Schauen wir uns zunächst möglichst genau die Gruppe an, die da im Schatten der Nacht ums Feuer sitzt. Und machen wir uns klar, dass die Erzählung eine Art Generalprobe aufführt, so etwas wie ein verkleinertes, vereinfachtes, volkstümliches, unter freiem, aber nächtlichem Himmel aufgeführtes Modell dessen, was sich im Innern zuträgt, im Palast des Hohepriesters, wo Jesus, der Menschengott, auch er allein, im hellen Schein der Fackeln vor die Versammlung der Mächtigen dieser Welt tritt. Es ist, als tagten da zwei Gerichte, nicht eines: das hohe, offizielle, ordentliche des Sanhedrin und das kleine, improvisierte, drunten im Hof, kaum sichtbar im schwachen Schein der Feuerstelle.

Tatsächlich trifft dort, unter den Geringsten, ein wie immer herausragendes, für hohe Ämter bestimmtes, aber im Schatten auf sich selbst zurückgeworfenes zweites Individuum auf eine kleine Gruppe, die sich um die Flammen schart, um die Geschehnisse des Tages zu bereden. Es ist, als wiederhole sich hier wie an anderen Stellen im Kleinen die große amtliche Gerichtsszene im Innern des Palasts. Man könnte es ein spontanes Volksgericht nennen, so etwas wie eine kleine, im Entstehen begriffene Jury. Tastend nähern wir uns der gesuchten Quelle. Im Dunkel der Nacht lassen sich die verborgenen Anfänge des Kollektivs nicht leicht unterscheiden.

Sobald dieses lose verbundene Kollektiv ihm eine Frage stellt und sich anschickt, über die Antwort zu lachen, fühlt Petrus sich seinerseits unter Anklage gestellt. In die Ecke gedrängt, wird er schwach und übt Verrat. Das Hohe Gericht verurteilt den kardinalen Sündenbock, das kleine lässt den embryonalen zum Verräter werden.

Schwäche? Feigheit? Ja, Petrus hat geleugnet, daran besteht kein Zweifel, aber gönnen wir ihm noch einen Augenblick der Vergebung, indem wir uns vor Augen führen, dass unsere Kritik, nicht weniger blind, ihrerseits wie ein Gericht funktioniert. Selbst Richter, sind wir empfänglich für die Ungerechtigkeit, die drinnen vor dem Hohen Rat einen Gerechten trifft. Doch reagieren wir genauso empfindlich auf die gleiche öffentliche Dynamik, wenn sie ohne erkennbare Aggression im Kleinen einsetzt, in alltäglichen Gesten und Reden, oft auch mit einem Gelächter wie im Dunkel jener kühlen Frühlingsnacht? Wie oft wird nicht mit solchen Geschichten ein isoliertes Individuum angeprangert? Die Anklage aber macht uns blind für die Macht des Kollektivs, die sich hier, fast noch gewaltlos, *in statu nascendi* äußert.

Vor den Sanhedrin, den seinerseits vor Gewalt blinden Gerichtshof, tritt ein Unschuldiger, der Frieden verkündet; im Alltagsgerichtshof der ums Feuer gescharten Knechte und Diener kommt jenes kleine Spontangericht zusammen, vor dem ein anderer Unschuldiger sich des Verrats schuldig macht. Der leugnet, ist der Verräter. Wer wollte da die an der Glut sich wärmende Gruppe unter Verdacht stellen? Als Anwalt des Beschuldigten versuche ich die Anklageerhebung einmal umzukehren

Wir sprechen Petrus schuldig, wir halten ihn für einen Leugner, ohne die Macht der sei's auch geringen Zahl in die Waagschale zu werfen. Seit dem Abend des Pessachfests wird der Sündenbock durch die Straßen der Stadt getrieben, von der aufgebrachten Menge bespuckt. Was eigentlich hätte dieser Petrus, allein wie er ist, Ihrer Ansicht nach tun sollen? Sterben? Die Rolle des Opfers übernehmen? Und was hätten wir an seiner Stelle gesagt, wenn uns der Atem kollektiven Wahns ins Gesicht geblasen hätte? Dass wir Christus kennen? Es hätte uns die Haut kosten können. Der Schuldige in dieser Szene ist weniger Petrus als vielmehr die Gewalt der Stadt, der Gesellschaft, die Jesus erbarmungslos verfolgt, ob sie sich nun in der formalen Sprache vor dem Sanhedrin ausspricht oder Petrus gegenüber im volkstümlichen Dialekt der Domestiken Luft verschafft, die sich im schummrigen Licht des Kohlenfeuers Gesicht und Hände wärmen.

Was genau geht da vor sich? Sobald das Individuum, isoliert, mit einem von einer noch so kleinen Versammlung geknüpften Beziehungsgefüge in Kontakt tritt, ist es wie die Fliege im Spinnennetz in diesem zähen Netz gefangen, von ihm verklebt und vergiftet, vereinnahmt und verschluckt. Denn wer ist Petrus, solange er alleine ist? Ein Unbescholtener, oder fast, todesmutig, bald schon der erste Papst, dann zu Tode gemartert und später heiliggesprochen. Wie und wieso verändert ihn das Kollektiv so rasch? Was macht die Gruppe als solche aus, was hat es mit ihr auf sich, dass sie einen solchen Getreuen, einen solchen Helden auf einen Schlag in einen Eidbrüchigen verwandelt?

Vor beiden Tribunalen, drinnen und draußen, steht ein Mensch allein vor einer Versammlung, der offiziellen oben, der inoffiziellen unten. Hier wird vor dem kleinen Grüppchen ein Apostel zum Verräter; dort verwandelt ein anderes Kollektiv den Gerechten in einen Schuldigen. In beiden Fällen richtet eine Gruppe an den Einzelnen eine vergleichbare Frage: Wer bist du? Aus der Provinz, aus Galiläa? Der Messias, der König der Juden? Einer seiner Getreuen? Ja, du wurdest mit ihm gesehen.

Vom Miniaturmodell im Hof bis zur Passion Gottes – die kollektive Variationsbreite erstreckt sich von einer Zusammenkunft kleiner Leute bis zum erlauchten Sanhedrin, durch die ganze Gesellschaft hindurch, von oben bis unten, in der ganzen Dynamik ihrer Konstitution. Die individuelle Variationsbreite reicht vom Sünder bis zum Inkarnierten, vom Menschen bis zum Gott, vom Verräter bis zum Unschuldigen. Droben das Modell, drunten die verkleinerte Kopie. Das große Gerichtstheater reproduziert sich in einem ländlichen, volkstümlichen Standgericht im Hof, getarnt unter seinem gutmütigen Äußeren. Mehr noch: Unwillentlich werfen die Magd und die Knechte, indem sie Petrus befragen, ein Licht darauf, wie Gerichtshöfe entstehen und aufgebaut sind. Die Miniaturausgabe zeigt ein Gericht *in statu nascendi*, sie zeigt über die bloße Ähnlichkeit oder Gleichartigkeit hinaus dessen Genese oder Evolution. Das Schauspiel der Urteilsfindung bringt nur auf die große Bühne, was tagtäglich geschieht, hier und jetzt, in unserem Klatsch und Gerede. Der Tod ist mitten unter uns. Bringt er das Uns, das Wir erst hervor?

Ich halte einen Augenblick inne, um einen Schritt von diesem Ereignis zurückzutreten und über die Suche nach dem Schuldigen nachzudenken, der sich Gerichte widmen, die aber insgeheim schon im Herzen menschlicher Gruppen anhebt, die vom Problem des Bösen umgetrieben werden. Wer ist schuldig, fragen sie, wer ist für das Böse verantwortlich? Oder ist, schlimmer noch, am Ende das Böse, das Übel die Wurzel aller Gruppenbildung? Das Böse, das heißt die Gewalt.

Um auf diese Fragen zu antworten, muss man sich nicht nur einen, sondern drei Gerichtstypen vor Augen führen.

Zunächst die üblichen Gerichte, wie wir sie alle kennen, die zwei gerade erwähnten zum Beispiel, vor denen Individuen erscheinen, meist alleine, wie Jesus oder Petrus, um unter Berücksichtigung erschwerender oder mildernder Umstände bestimmter Verbrechen, Straftaten, Delikte für schuldig oder unschuldig befunden und nach der Verhandlung und dem Urteil der Richter verurteilt oder freigesprochen zu werden.

So weit nichts Neues, die Funktionsweise dieser Justiz ist uns vertraut, wir sind ihr gerade zweimal, einmal im Großen und einmal im Kleinen, begegnet.

Ein zweites Gericht

Ich möchte aber ein zweites Gericht anrufen, das nicht ohne Grund noch nie getagt hat, vor das ich aber gern alle Kulturen zitieren würde, die je die Erde bevölkert haben und bevölkern werden, in und vor der Geschichte, große oder kleine, schwache oder starke, Menschenmengen, Familien, Kollektive, Städte, Nationen, Stadtstaaten, Staaten, Imperien, ja den Sanhedrin selbst mitsamt jener kleinen Gruppe, die Miniaturmodell und Keimzelle anderer ist, versammelt in einem Hof vor einem dürftigen Kohlenfeuer – kurzum: ein Gericht, vor dem Gesellschaften aller Art und Größe, ja das Kollektiv im Allgemeinen erscheinen sollten. Dieses Gericht hat noch nie getagt, man hat es noch nie angerufen, seine Möglichkeit wurde nie ins Auge gefasst.

Während wir stets im Namen besagter Gruppen urteilen, würde den vor ihm erscheinenden Kollektiven umgekehrt folgende Frage gestellt: Welche unter den von uns vorgeladenen Gesellschaften hat niemals Waffen hergestellt, Konflikte provoziert, Krieg geführt, Frauen verachtet, die Elenden mit Füßen getreten, unsinnige Behörden oder Rangordnungen ins Leben gerufen und dadurch für himmelschreiende Ungerechtigkeiten gesorgt? In welcher Gesellschaft wurden nicht zahllose Menschen getötet, selbst in Familien, selbst unter Brüdern? Welche Gesellschaft feiert nicht ihre Geschichte als Geschichte der Mörder, Achilles, Josua, Scipio, Horaz oder Cäsar, Roland, El Cid, Ludwig XIV., Napoleon, Joffre und Rommel …, ohne einen Gedanken daran zu verschwenden, wie viele ihnen zum Opfer gefallen sind? Der Anwalt, der zugunsten einer einzigen Kultur geltend machen kann, dass sie keine Schuld an solchen Verbrechen trifft, er trete vor! Der Historiker, Prähistoriker, Verhaltensforscher oder Anthropologe möge sich erheben. Nein, sie alle werden einräumen müssen, dass ihnen nicht eine einzige bekannt ist.

Nicht eine einzige. Das ist die transhistorische Evidenz. Ein schwerwiegendes Urteil – aber wurde es je gesprochen, je verkündet? Machen wir uns also bewusst, dass wir von Epoche zu Epoche zahllose Erzählungen weitergeben, die dazu dienen, diese Evidenz auszublenden und unsere Gesellschaften von allem Bösen, allem Übel reinzuwaschen, Erzählungen, die uns daran hindern, ein solches Gericht ins Leben zu rufen. Die Klagen der Propheten, die Worte des Evangeliums vielleicht ausgenommen.

Dank dieser Worte verstehen wir zum Beispiel, weshalb mindestens neun von zehn Berichten in den Zeitungen, im Radio, im Fernsehen, in den Medien überhaupt Kriminalgeschichten oder -romane sind, in denen der Schuldige gesucht wird und Aufklärung darin besteht, ihn zu identifizieren. Wir wähnen uns frei von jeder Schuld, während wir uns mehrere Stunden täglich, beim Essen, vor dem Schlafengehen, an einem Opfer und einem Mörder ergötzen. Wir suhlen uns in Schuld, ohne uns je vor Augen zu führen, dass wir, die Zuschauer, als Mitglieder eines Gerichts bestellt sind, das über ein Individuum richtet und es verurteilt, indem es die Gewalt des Kollektivs verschleiert. Mit welchem Recht maßt sich dieses Kollektiv oder maßen sich seine Vertreter das Recht zu urteilen an? Warum sitzen zur Abwechslung nicht sie auf der Anklagebank?

Die Ilias oder das Rolandslied besingen die Ruhmestaten blutrünstiger Krieger. Wer befiehlt ihnen, in den Tod zu gehen? Das Vaterland, zweifellos, *la Patrie*, die erhabene Mutterfigur, verehrt, von jeder Verantwortung frei, während sie als Rabenmutter ihre Söhne in den Tod schickt. Welches Gefallenendenkmal, das unserer Kriege gedenkt, erhebt Anklage gegen das Kollektiv, das Millionen seiner Kinder hat sterben lassen?

Evidenz und Schuld: Petrus hat gesündigt. Wer würde es wagen, die um das Feuer gescharten Knechte und Diener anzuklagen?

Ich fasse zusammen. Urteilsspruch des ersten Gerichts, das über ein Individuum befindet, hier und jetzt: Mal schuldig, mal unschuldig, darüber wird das Gericht entscheiden. Resultat: Keine Frau, kein Mann ist von Natur aus gut oder schlecht. Es hängt von den Einzelnen, den Existenzen, den Umständen, den Leben ab, auch von der DNA und dem, was körperliches Wachstum und Erziehung daraus machen: unschuldiger Jesus oder schuldiger Petrus.

Anders der Urteilsspruch des zweiten, soeben von mir angerufenen Gerichts: Das Kollektiv trägt stets Verantwortung für das Böse.

Das dritte Gericht

Der Philosoph Leibniz schließlich brachte, und das war neu, gegen Ende des 17. Jahrhunderts nicht wie der Sanhedrin Gottes Sohn, sondern Gottvater selbst, den Schöpfer, vor Gericht. *Theodizee* nannte er die Verhandlung, die über die Verantwortung für das Böse und das Übel in der Welt befinden sollte. Wenn nämlich Gott die Welt erschaffen hat, dann hat er auch Taifune, Vulkane, todbringende Erdbeben und Abertausende von Krankheiten in sie gesetzt. Auch Sein Fall muss also, in Abwesenheit des Angeklagten, vor Gericht, auch Er wird je nach Plädoyer des philosophischen Anklägers oder Verteidigers freigesprochen oder verurteilt werden.

Wird es ihn für gütig oder grausam, für gut oder schlecht befinden, dieses dritte Gericht, vor dem Gott in Abwesenheit seiner selbst erscheint? Und nein, anders als man glaubt, hängt die Antwort nicht von Ihrem Glauben, Ihrer Philosophie, Ihrem Atheismus ab. Denn die scheinbar unentscheidbare Frage lässt sich durchaus, wie ich es hier in Ihrem Beisein tun möchte, einer Entscheidung zuführen.

Das Erdbeben von Lissabon

Sie werden sich an Voltaires Kommentar zu dem Erdbeben erinnern, von dem Lissabon im Zeitalter der Aufklärung heimgesucht wurde. Tatsächlich erklärten sich praktisch alle Philosophen der Zeit zu dem gewaltigen Tsunami, der am 1. November 1755 um 9:40 Uhr die portugiesische Küste traf. Neuere Schätzungen beziffern die Stärke des Bebens auf mehr als 8,5 auf der Richterskala. Das Beben, die von ihm ausgelöste ungeheure Flutwelle, die Feuersbrunst und die Zerstörung der Stadt forderten Zehntausende Opfer. Zehn Philosophen, unter ihnen Voltaire, nahmen dies zum Anlass, zur Feder zu greifen und zu erklären, dass Gott der Welt, wäre sie von Ihm erschaffen worden, in Seiner großen Güte solche Katastrophen erspart hätte. Und dass Er, wenn Er sie denn erschaffen hat, auch für das Böse und das Übel in ihr verantwortlich ist. So wird Gott, vor das letzte Gericht gestellt, dieses Übels angeklagt und überführt.

Meine Beweiserhebung kehrt die voltairesche um, und sie ist beweiskräftiger. Das sogenannte Loma-Prieta-Erdbeben, das am 17. Oktober 1989 Nordkalifornien mit einer Stärke von 7,2 auf der Richterskala erschütterte, habe ich am eigenen Leib erfahren. Etwa fünfzig Tote hatten wir in der Bucht von San Francisco zu beklagen. Die Nachbeben hielten mehr als drei Wochen an. Das Ereignis beschäftigte die ganze Welt.

Ein paar Jahre später kamen auf Haiti bei einem Beben der Stärke 7, einem schwächeren also, mehr als zweihunderttausend Menschen ums Leben. Die Stärke des Bebens betrifft die Erde, die Natur, *Deus sive natura*, die Schöpfung im Sinne Voltaires, deren Erschütterung blind zuschlägt. Sie ist in beiden Fällen mehr oder weniger gleich: 7 und 7,2. Die Differenz dagegen betrifft die tragische Zahl der Verstorbenen und tut sich in diesen Tagen des Zorns zwischen San Francisco, einer reichen Stadt, und Haiti, einer armen Insel, auf. Sie entscheidet sich an den Lebensumständen der Bevölkerung, an der Organisation, der entwickelten oder unterentwickelten Wirtschaft, der Bauweise, den technischen und rechtlichen Mitteln, kurz: an der Politik, an der eigenen und an der anderer Staaten, die mitunter mächtiger ist.

Die Natur – sollten wir wie Voltaire und die Philosophen von Gott sprechen? – sagt in beiden Fällen etwa dasselbe: 7 Punkte auf der Richterskala. Die Politik, die Geschichte, die Kultur und die Zeitungen, sagen im einen Fall fünfzig, im anderen zweihunderttausend Menschen. Rechnen, entscheiden, urteilen Sie. Wer ist für die Katastrophe verantwortlich? Die Gesellschaft. Was zu beweisen war. Das Gericht, vor das die Philosophen Gott höchstselbst zitiert haben, hat sein Urteil gefällt.

Es spricht Gott von der Schuld an diesem Übel frei.

Der Urteilsspruch des letzten Gerichts lautet wie der des vorigen auf Kollektivschuld: Schuldig ist das Kollektiv als solches. In Anbetracht jener physikalisch unbestreitbaren Tatsachen müssen wir es als erwiesen ansehen, dass dem Kollektiv eine nicht aus der Welt zu schaffende Gewaltkonstante innewohnt. In ihm liegt, vom Augenblick seiner Bildung an, das Böse, das Übel beschlossen. Erneut ein bemerkenswerter Befund.

Herrscht Satan über die Menschen, so sie in der Mehrzahl sind? Verlassen wir Kalifornien, Haiti, Lissabon und kehren wir zurück zu den Texten des Evangeliums, zumindest zu zweien.

Die Erzählung von der Versuchung Jesu:

> Wieder nahm ihn der Teufel mit sich und führte ihn auf einen sehr hohen Berg; er zeigte ihm alle Reiche der Welt mit ihrer Pracht und sagte zu ihm: Das alles will ich dir geben, wenn du dich vor mir niederwirfst und mich anbetest. Da sagte Jesus zu ihm: Weg mit dir, Satan! (Matthäus 4,8-10)

So also hat der Prinz dieser Welt zu ihm gesprochen. Satan wird hier als Vertreter der Macht und der Herrlichkeit der Reiche namhaft gemacht.

Eines der letzten Worte Christi am Kreuz. »Vater, vergib ihnen, denn sie wissen nicht, was sie tun!« »Sie« wissen nicht, was »sie« tun. Wer ist dieses »Sie«, dem seine Vergehen zu vergeben Christus den Vater bittet, bevor er seinen Geist aushaucht? Dieses unpersönliche »Sie« meint die Gruppe der Soldaten, die sich um den Hügel Golgatha versammelt haben, die Menge, die schreit »Lass den Barabbas frei!«. Und es meint das

Gericht, das den Unschuldigen verurteilt hatte, kurz: Es meint jede Gruppe, in der Individuen unterschiedslos aufgehen und ein unschuldiges Individuum richten wollen. Es meint, anders gesagt, die Gesellschaft. Das Kollektiv weiß nicht, was es tut. Es ist gewalttätig, ohne darum zu wissen. Vielleicht weiß es darum, aber es verbirgt es vor sich selbst.

Wie der Prophet Jeremias über das städtische Kollektiv klagt, so vergibt Jesus Christus dem Individuum. »Deine Sünden sind dir vergeben«, sagt er. *Nie verurteilt Jesus eine einzelne Person*. Er vergibt der Ehebrecherin, indem er die fortschickt, die als Gruppe im Begriff sind, die Schuldige zu steinigen. »Wer von euch ohne Sünde ist, werfe als Erster einen Stein auf sie.«

Er vergibt seinem Mitgekreuzigten, dem guten Dieb, ungeachtet der Verbrechen, für die ihn das Gericht zum Tod am Kreuz verurteilt hat: »Heute noch wirst du mit mir im Paradies sein.«

Aber seine Klage entzündet sich am Kollektiv, als hätte er in sich selbst jenes neue Gericht einberufen, von dem ich spreche. »Vater, vergib ihnen, denn sie wissen nicht, was sie tun!«

Wie weit wir in unseren persönlichen Erinnerungen oder im historischen Gedächtnis auch zurückgehen, wir sind erstaunt, mit welcher Regelmäßigkeit die immergleichen Gewaltverbrechen wiederkehren: Wir führen Krieg, vergießen Blut, verletzen Unschuldige, Kinder und Frauen, beuten die Armen und Schwachen aus, unterwerfen andere eitlen Hierarchien, fügen ihnen physische Gewalt, sexuelle Demütigungen, emotionale Kränkungen zu, ergötzen uns tagtäglich am Schauspiel des Todes … Wir sollten zumindest aus unserer Geschichte genug gelernt haben, um zu wissen, was wir da tun. Wie können wir diese Erbsünde ausblenden, die dem dunkelsten Grund unserer Seele eingraviert ist, diesen mörderischen Trieb, der in unserer ganzen Geschichte am Werk ist?

Nur ein Gott von unendlicher Barmherzigkeit könnte uns die unendliche Folge dieser Schandtaten vergeben, und die Unbewusstheit, mit der wir sie wieder und wieder begehen.

So lauten denn die Worte Christi, der Gott bittet, die monoton sich wiederholenden Vergehen der Menschen zu tilgen: »Vater, vergib *ihnen*, denn *sie* wissen nicht, was *sie* tun!«

Wer ist mit diesem »ihnen«, mit diesem »sie« gemeint? Sie, das heißt das versammelte Kollektiv. Christus stirbt, um die Sünden der Welt zu tilgen. Das heißt die Sünde des Kollektivs als solchen. Der Versammlung der Menschen.

Die Passionsgeschichte kehrt unsere Einstellung zum Urteil und zur Gerichtsbarkeit um. Wenn Christus sagt: »Mein Königreich ist nicht von dieser Welt«, zieht er unsere Rechtsbegriffe in Zweifel. Was durch die Passion infrage gestellt wird, ist nicht bloß der Sanhedrin, der hier und jetzt ein ungerechtes Urteil gefällt hat, oder die kleine Gruppe, die sich am Feuer wärmt, nein, es sind vielleicht alle Tribunale der Geschichte und die mörderische Leidenschaft, mit der wir einen Schuldigen finden wollen. Seltene Umkehrung.

Untröstlich, seinen Herrn verleugnet zu haben, weint Petrus. Wir vergießen mit ihm bittere Tränen über unsere Verfehlungen. Wir hören nicht auf, uns selbst und unsere Schändlichkeit zu beweinen.

Nachdem diese Tränen vergossen sind, stirbt Jesus Christus, um die Sünden der Welt zu tilgen. Die »Welt«, wer ist damit gemeint? Wir alle zweifellos. Wir alle, das heißt jeder für sich, individuell genommen. Aber auch und vor allem: wir alle, zusammengenommen.

Mit Petrus, aber auch mit den Propheten und mit Jesus Christus selbst weine ich über die Sünden des Kollektivs, dieses besonderen, das den Unschuldigen zum Tod am Kreuz verurteilt, aber auch des menschlichen Kollektivs im Allgemeinen, desselben, für das der Unschuldige am Karfreitag sein Leben geben wird.

Petrus weint. Man erkennt die Heiligen daran, dass ihnen die Tränen gegeben sind.

Lesen wir sie noch einmal, die Erzählung von der des Ehebruchs beschuldigten Frau:

> Als sie hartnäckig weiterfragten, richtete er sich auf und sagte zu ihnen: Wer von euch ohne Sünde ist, werfe als Erster einen Stein auf sie. (Johannes 8,7)

Die Empörung über das Unrecht dieser Steinigung rührt zunächst von der Asymmetrie der Bestrafung her. Die beim Ehebruch ertappte Frau wird ihn, wenn mich nicht alles täuscht, nicht alleine begangen haben. Und dennoch soll nur sie gelyncht werden. Die Gruppe entzieht also durch den uralten Frauenhass zumal ihren Spießgesellen der Strafe. Wenn Jesus sich bückt, um auf die Erde zu schreiben, hält er da den Namen dessen fest, der sie verführt hat und nun im Stich lässt, und zeigt oder verbirgt er ihn? Und wenn er von dem spricht, der ohne Sünde ist, richtet er sich da indirekt an den, dessen Name sich auf dem Boden entziffern ließe? Ist es der Älteste unter den Männern, derjenige, der als Erster den Rückzug antritt? Aber ganz gleich welcher, es gibt mindestens einen.

Dieses »mindestens einer« ist mir wichtig. Ich kenne es. Nicht dem Wortlaut, aber seiner Funktion, seinem Zweck nach. Es meint in einem Erschießungskommando, einem Hinrichtungspeloton denjenigen, der zufällig ausgelost und dessen Waffe mit Platzpatronen geladen wird. Wozu diese Patrone? Weshalb muss unter den Henkern »mindestens einer« sein, der nicht tötet? Und weshalb wird er nach dem Zufallsprinzip ausgewählt? Der eigentliche Grund dafür ist ebenjener, der in unserem Text verborgen liegt. Denn schon am Tag nach dieser Tötung, dieser Steinigung könnte sich im Zuge einer Palastrevolte, eines Volksaufstands oder einer Wiederaufnahme des Verfahrens herausstellen, dass der Hingerichtete unschuldig war. Dann kehrt sich alles um, und das Volk wird die anklagen, die den nunmehr von aller Schuld reingewaschenen Angeklagten getötet haben, also das ganze Hinrichtungskommando. Aber wer aus dem Kollektiv hat die oder den, die oder der dadurch zum Opfer wurde, wirklich getötet? Der erste offenkundig Schuldige scheint der zu sein, der den ersten Stein geworfen hat. An der Schläfe getroffen, bricht die Frau zusammen, wahrscheinlich tot. Du warst es, du hast sie getötet, wir haben gesehen, wie du den ersten Stein geworfen hast. Nun kann aber unter den Schützen des Pelotons der mit der Platzpatrone behaupten, nicht getötet zu haben. Und siehe da, er ist von jeder Verantwortung frei. Da er aber ausgelost worden ist und keiner wissen kann, in welcher Waffe die Platzpatrone steckte, ist jeder berechtigt zu sagen, dass er sie hatte. Niemand in diesem Erschießungskommando trägt also die Verantwortung für den Tod. Die Tötung bleibt kollektiv. Allein der Kollektivkörper, der die Leichen Unschuldiger aufeinanderhäuft, trägt die Verantwortung. Die er einmal mehr vor sich selbst verbirgt, diesmal unter dem Zufall der Auslosung.

Der progressus ad infinitum *und sein leerer* terminus ad quem

Andernfalls setzt ein endloser Prozess ein. Der den ersten Stein wirft und das Opfer am Kopf trifft, um es durch den ersten Wurf zu töten, trägt die Schuld an dessen Tod. Sobald es aber zu jener Umkehrung kommt, wird er selber unmittelbar Gegenstand eines zweiten Lynchmords, einer zweiten Steinigung. Der dann den ersten Stein wirft, hat wiederum ihn getötet und so fort bis ins Unendliche, bis zur totalen Auslöschung der Gruppe. Der Welterfolg des Lieds *Zehn kleine N****lein* beruht auf diesem grausigen Kalkül. Was sich am Horizont des Textes aus dem Evangelium abzeichnet, ist die kollektive Auslöschung, der asymptotische Fluchtpunkt aller Gewalt. Diese setzt mit ihrer Rachemechanik einen *progressus ad infinitum* in Gang, an dessen Ende die Erde von allen Menschen entvölkert ist.

Virtuell trägt jedes Lynchopfer die totale Auslöschung der menschlichen Gesellschaft in sich, während uns die Mythen stets einreden wollen, es löse deren Probleme. Statt Heilung zu bringen, bringt die Gewalt uns alle um. Daher muss ihr sofort Einhalt geboten werden. Und das angefangen bei ebenjenem, der den ersten Stein wirft, dem wahren Verantwortlichen, der vielleicht doppelt schuldig ist: Zweifellos möchte er die Frau so schnell wie möglich tot sehen, weil er mit ihr gesündigt hat. Schon ist die Zeugin zum Schweigen gebracht!

So etwa sieht die Quasi-Arithmetik des Opfers und des tödlichen Risikos aus, das die Gesellschaft unter dem Deckmantel ihrer Selbsterhaltung mit ihm eingeht. Wir haben es hier mit keiner Soziologie und auch keiner Anthropologie der Gewalt, ja nicht einmal mit der Rechtsordnung, sondern mit ihrem Letzthorizont zu tun.

Diese Geschichte taucht im Evangelium nicht ohne jüdischen Vorläufer auf. Der Traktat Sanhedrin des Talmud ermächtigt in der Tat die Zeugen, und sie allein, die ersten Steine auf den zu werfen, den ihr Zeugnis zum Tode verurteilt hat. Sollte tatsächlich der Tag kommen, an dem die Rechtsprechung ihre Entscheidung revidiert, wird sie diesem Zeugen den Rechtsirrtum zur Last legen. Und der oben skizzierte Prozess läuft wieder an. Jesus führt eine leichte Verschiebung in diese Rechtsvorschrift ein; er ruft keineswegs den Zeugen auf, den ersten Stein zu werfen, sondern den, der ohne Schuld ist. Gewiss, es mag Zeugen geben;

aber gibt es auch jemanden, der nie gesündigt, der nie aufgehört hat, *das ganze Gesetz* zu befolgen?

Das Verbindende. Vierte Lesung: Drei Zeremonien

Nach der Verurteilung – Petrus – und der Hinrichtung – Ehebrecherin – zu den Bestattungen. Einen Leichnam beerdigen: erneut ein Verhältnis zum Tod, ein sakraler Akt, ein weiteres Schauspiel. Gerichtsverhandlungen oder Bestattungen führen als Rituale zu Menschenansammlungen, indem sie auf tragische Weise Menschen verbinden. Die Religion, das *religare* setzt sich fort.

Die gerade gehörten Geschichten spielen alle in der Stadt, in diesem Fall in Jerusalem. Während die Menschen auf dem Land verstreut leben, verbindet die Stadt. Bleiben wir also in der Stadt. In welcher Beziehung steht sie zum Tod? Die Boulevards des Maréchaux in Paris tragen die Namen von zwölf Marschällen Napoleons, ranghohen Offizieren, die Schlachten geschlagen haben, denen Zehntausende zum Opfer fielen. In *Rome. Le livre des fondations* habe ich ähnliche Zahlen genannt, und meine Schilderung der Geschichte nennt auch die Mörder beim Namen, die als Helden gefeiert werden. Dagegen muss Philosophie der Geschichte darin bestehen, sich in die Lage der Opfer zu versetzen.

Lange hatte ich nicht mehr an einer öffentlichen Zeremonie teilgenommen, bei der man in eng geschlossenen Reihen defiliert. Wer kommt heute, da es kaum noch Bestattungen mit Trauerzügen gibt und einen die Langeweile offizieller Empfänge in die Flucht schlägt, noch in den Genuss solcher Anlässe? Vor einiger Zeit aber hat die Académie française dem in der Normandie verstorbenen und in Dakar beigesetzten Léopold Sédar Senghor die letzte Ehre erwiesen. Nach meiner Wahl in die Académie waren wir ins Gespräch gekommen, ich mochte ihn und wir haben uns angefreundet. Im Kirchenschiff von Saint-Germain-des-Prés leitete der Kardinal die Zeremonie vor dem Präsidenten und dem Premierminister, die in Begleitung ihrer Frauen an der Brüstung des Chors saßen.

Als Christ, Absolvent der École normale supérieure und studierter Altphilologe hatte der Verstorbene um eine gregorianische Messe gebeten. Wolof-Gesänge und das Tamtam seines Dorfes erinnerten an seine senegalesische Heimat. Mitglied der Académie, Dichter und Staatsmann – hörte seine emporgestiegene Seele, wie die erwartbaren Versatzstücke öder Beredsamkeit vom Heiligtum Besitz ergriffen?

Die Kirche war voll, auf den Gehwegen davor drängten sich die Schaulustigen.

In der Stadt Caere

Katholische Feierlichkeiten greifen häufig bestimmte Riten des antiken Rom auf, durchsetzt mit jüdischen Liturgien. Hier tut sich freilich innerhalb des musikalisch wiedererstandenen euroafrikanischen Raums eine Zeitnische auf, die Senghor selbst geschaffen hatte, indem er – zu Recht? – behauptete, der gregorianische Gesang gehe auf die Gesänge der Négritude zurück. Weder das weiße Rom noch das ethnisch durchmischte Christentum noch das schwarze Afrika noch die israelischen Schriftpropheten dürfen sich aber der Erfindung des Wortes Zeremonie rühmen. Etruskischen Ursprungs – die Alten sagten, das Wort lasse sich auf die Stadt Caere zurückverfolgen –, entwendet von den lateinischen Heeren, die dieses Volk ausgelöscht haben, dessen Genie dem Mittelmeerraum die Feinheiten der Kunst beibrachte, steht die Zeremonie für einen eigentümlichen Umgang mit dem Tod und eine Stimmung der Frömmigkeit, deren Erbe die umliegenden Völker und Kulturen antraten. Überall wurde die Zeremonie aufgegriffen, aber darüber geriet in Vergessenheit, wer sie zuerst praktiziert hatte. Welchen verlorenen Sinn bringt diese zeitlose Musik hier zum Ausdruck, aus welchem dunklen und ortlosen Grab steigt sie empor?

Schauspiel

Die Anwesenden sind im Gedenken an den Verstorbenen zusammengekommen; versammelt im Angesicht eines Geistes. Eins: Knien sie alle vor dem Gott, an den Senghor glaubte, um in seiner Anwesenheit zu Ihm zu beten? Wird die Menge durch diese einzigartige doppelte Abwesenheit geeint? Zwei: Oder ist sie im Gegenteil zweigeteilt, staunt die Mehrheit bloß die kleinen Herrscher des Augenblicks an? Verblüfft begaffen die Passanten den Präsidenten, den Premierminister, die schwarzen Messgewänder und grünen Fräcke. Drei: Ist die Menge am Ende dreigeteilt, so dass die Mittleren, preisgekrönte Schriftsteller oder Honoratioren, sich in Gesellschaft der Großen von den Kleinen bewundern lassen können?

Glaubt man der ersten Hypothese, so ist es die Transzendenz, die den Zusammenhalt des versammelten Kollektivs verbürgt. Die Soziologie zeigt, der zweiten Hypothese folgend, wozu Zeremonien dienen: Aus dem Austausch der Blicke ergibt sich ein gewisser sozialer Zusammenhalt. Die dritte Hypothese schließlich beschreibt, dynamischer, die Aufstiegschancen der Namenlosen, die sich davon überzeugen, dass sie sich in der darum so genannten Demokratie prinzipiell einen Namen machen können.

In allen drei Fällen wendet sich jemand, einer oder mehrere, anwesend oder abwesend, einzigartig, selten oder zahlreich, an die Menge. Solche Konversionen im buchstäblichen Sinne des Worts sind uns vertraut. Der Priester, der die Messe zelebriert, wendet uns betend sein Gesicht zu. Der Lektor verlässt die Versammlung und steigt auf die Kanzel, um uns das Evangelium zu Gehör zu bringen. Der ständige Sekretär und nach ihm der Präsident der Académie française rufen vor uns allen die Erinnerung an den Verstorbenen wach. Wir kennen diese Köpfe, häufig tragen sie einen Namen. Nur dass die Transzendenz, unnennbar, uns ihr Gesicht nicht zeigt. Wir leben zusammen in und aus der Gegenüberstellung mit diesen Körpern, diesen uns zugekehrten Instanzen. Kollektiv heißt Von-Angesicht-zu-Angesicht. Von-Angesicht-zu-Angesicht heißt Verbindung.

Darstellung, Theater, Szenen – der religiöse Ritus

trifft sich mit dem Schauspiel der sozialen und politischen Macht. Erschöpft er sich in ihm?

Einheitszeremonie

All diese Dinge aber, die bis zu den Anfängen der menschlichen Kultur zurückreichen und von Ethno- oder Anthropologen in allen Breiten nachgewiesen werden konnten, dieses ganze Schauspiel in der Nähe der Macht und unweit des Todes, haben wir jüngst geändert. Denn unterdessen ist eine Schar von Operatoren, die Kameras auf den Schultern und Kopfhörer tragen und deren uns ebenfalls zugekehrte Gesichter niemandem auffallen, unter Missachtung archaischer religiöser Verbote und ihrer Darstellung ins Heiligtum eingezogen, bewaffnet mit Hochleistungsmikrofonen und Scheinwerfern, die gleißendes Licht verbreiten und deren Kabel mit ihren Schlingen und Schlaufen jeden Würdenträger wie alle andern zu Fall bringen können. Morgen schon werden auf den regionalen, nationalen und globalen Bildschirmen Zehntausende oder, je nach Bedeutung der Zeremonie, Millionen von Zuschauern ein und demselben in kleinen Schnipseln ausgestrahlten Ritus beiwohnen. Seither haben nicht allein die Mittleren weniger Interesse daran, von den Namenlosen gesehen zu werden, die in bescheidener Zahl am Straßenrand stehen, vielmehr versuchen die Großen selbst sich dem Objektiv dieser Maschinen anzudienen, die dafür sorgen, dass alle, Große, Mittlere, Kleine, nur noch für, vor und durch sie gemeinsam existieren. Sie bemächtigen sich nicht nur der Verbindung, sie bringen sie auch selbst hervor. Sie allein übernehmen jetzt die Rolle des Verbindenden.

Römisch, christlich, afrikanisch, etruskisch, archaisch, uralt und eben darum wirkungsvoll, aber schließlich vergessen, ist heutzutage die Zeremonie, bevor sie überhaupt begonnen hat, bereits zu Ende, weil funktions- und nutzlos geworden: Wozu noch Redekunst, wozu noch große Orgeln, wozu noch die Chöre mit ihren düsteren Mysterien, wenn die Cutter, die das Bildmaterial montieren, den gregorianischen Gesang, Couperin, das Tamtam und den Wolof-Singsang ebenso sicher rausschneiden werden wie die Reden, die zu lang, die Bögen und Streben, die zu groß und zu hoch sind, und das Erhabene, das zu tiefsinnig ist, um nur noch eine Minute die Alten zu zeigen, die unsicheren Schrittes aus der Kirche kommen und sich gnadenlos mit den Ellbogen den Weg freirempeln, um sich zur Schau zu stellen. Nicht mehr vor den Schaulustigen, die sich unter dem Portalvorbau drängeln und zusehends an Bedeutung verlieren, sondern vor dem Loch der Kamera, das heute Abend oder morgen die große Masse einen wird, virtuell, unsichtbar, die einzige soziale Realität, die heute Zusammenhalt stiftet?

Wen groß nennen, wenn nicht den, der den Hochgestellten von einst die Füße oder den Hals abschneidet, damit ihr Bild auf den Bildschirm passt? Leb wohl, Etrurien, lebt wohl ihr tausend antiken Riten, die eine und einzige Zeremonie findet heute vor diesen Maschinen statt. In diesem Heiligtum tragen die wahren Zelebranten weder Messgewänder noch den grünen Frack der Académie française noch eine blauweißrote Schärpe, sondern Kamera und Scheinwerfer am ausgestreckten Arm. So sehen die neuen Priester aus.

Ruhm und Ehre

Die leibliche Präsenz wird in und von diesen Maschinen ersetzt durch das Bild. In diesem Übergang zum Virtuellen liegt ein Teil des Geheimnisses. Aber der Erzeugung dieses Virtuellen hat, wenn ich recht sehe, die Zeremonie als solche seit je gedient. Die Etrusker hatten sie zweifellos zu diesem Zweck erfunden, sollte sie doch die politische Kluft zwischen großer Zahl und Einzigartigkeit schließen. Zumindest im virtuellen oder weichen Austausch von Blicken tun sich bereits Übergänge zum Bild auf.

Dieser Austausch von Bildern schweißt die Menschen durch das Schauspiel des Ruhms, und das heißt: durch den Ruhm selbst, zusammen. Wenn die Beteiligten ihn sich streitig machen oder teilen, verbleiben sie im immanenten Klebstoff des Sozialen. Verleiht man ihn dagegen Gott allein, ist es die Transzendenz, die durch diese Gabe die Gläubigen zusammenschweißt. Informativ, symbolisch oder virtuell, kurz: negentropisch, wird dieser weiche Klebstoff des Ruhms auf unseren Bildschirmen aber von etwas Virtuellem zu etwas Realem, in dem der kollektive Austausch von Blicken sich verfestigt. Er kann sich auch durch den Übergang von der Potenz zum Akt eines Tages in harte, verheerende, Leben und Städte zerstörende Kräfte auf entropischer Ebene verwandeln, aber er scheint lange potenziell, harmlos und friedfertig zu sein. Und doch setzt er, wie bei Begräbnissen und in den Medien, den Tod voraus, den er zugleich verbirgt.

Dieser neue real-virtuelle Status der Bilder auf den Bildschirmen rührt daher, dass alle Blicke in einen einzigen, in den durch elektronische Träger sich weiter verbreitenden Blick der Kamera gebannt werden. Das Weiche der Blicke verwandelt sich in harte Träger, die die weichen Botschaften wiedergeben. Die gleiche doppelte Transsubstantiation kennzeichnet die Netzwerke, die man denn auch soziale nennt.

Wir stellen die Maschine zur Herstellung von Göttern her ... Von falschen Göttern?

Maschinen

Ja, wir haben aus Glas und Plastik ganz reale, der Virtualität des Austauschs von Blicken Realität verleihende Geräte gebaut, Sozialmaschinen, die Bilder einsaugen, verwahren und verbreiten, mit ihnen aber auch jenen Klebstoff des Ruhms. Er blendet uns mit dem Licht, das die Betreiber wie durch Zauberhand im Chorraum vor unseren Augen aufleuchten lassen. Ihre Maschinen haben eine Zeremonie mit dreihundert Personen in eine mit Millionen verwandelt; sie haben die ungeheure, nie dagewesene Macht, den Maßstab zu verändern und virtuelle Kräfte in ein gigantisches Potenzial zu verwandeln. Wer bereits über Macht verfügt, der kann, wenn er sich in ihnen zeigt und sie zu nutzen weiß, die Welt mit sich reißen oder in Brand setzen.

Es gibt nur noch eine Zeremonie, die nämlich, die

von diesen Maschinen produziert wird und, weil sie überallhin reicht, alle anderen ersetzt. Es gibt nur noch einen Zeremonienleiter im Chorraum: das Loch, das wir Objektiv nennen, zweifellos *per antiphrasis*, erfüllt es doch nur subjektive und kollektive Funktionen. Darum verpassen wir auch ein ums andere Mal andere Gelegenheiten; wir wohnen Tag für Tag nur noch einer einzigen Zeremonie bei. Es gibt nur noch einen Ritus und nur noch eine Kirche, eine mediale. Der Name passt, hat sie doch den Mediator, den Mittler, ersetzt. Und langsam beschleicht uns der Verdacht, dass die Maschine zur Götterproduktion in einem geschlossenen Kreislauf arbeitet, und diejenigen, die über sie verfügen, wissen, dass sie dank ihrer zu Göttern werden … Zu falschen Göttern?

Residualreligion

Im Gedenken an Léopold Sédar Senghor und seinen Glauben versammelten sich Gläubige im Angesicht des Mysteriums der Eucharistie. Im Altarraum standen die Priester, uns zugewandt, mit geschlossenen Augen über diese transzendente Transsubstantiation gebeugt. Im gleichen Altarraum und zur gleichen Zeit brachten die Kameras mit ihrem uns blendenden Licht wie in Serie jene immanenten Transsubstantiationen hervor.

Wechseln wir die Religion? Es gibt bloß noch die eine, die vom Ganzen der medialen Netze gestiftete Verbindung; und sie beraubt in ihrer Universalität und Permanenz alle anderen ihrer Wirkung. Sie hat das Monopol an sich gerissen. So schalten wir, zum Beispiel, ob mittags oder abends den Fernseher zum Gebet vor der Nachrichtensprecherin an, die uns in einem Fetisch, einem Götzenbild aus Holz oder Kunststoff und Glas erscheint und der ganzen virtuellen Gemeinde ihr Antlitz zukehrt. Es handelt sich durchaus um eine Zeremonie und, wohlgemerkt, um eine religiöse. Der Kardinal und die Priester bezeugen hier, in Saint-Germain-des-Prés, die virtuelle Abwesenheit Gottes. Des wahren Gottes? Die Fernsehmacher bezeugen die virtuelle Abwesenheit aller. Die einen wie die anderen verkörpern die Abwesenheit eines Allmächtigen, eines totipotenten Gottes, der eine transzendent, der andere immanent ... Der eine der wahre, der andere der falsche?

Stehen die zwei Priester im gleichen Chorraum einander feindlich gegenüber? Müssen wir uns zwischen der abwesenden Transzendenz, der aller Ruhm und alle Herrlichkeit gebührt: *Gloria in excelsis Deo* ..., und dem Getöse einer dem mitunter gewalttätigen Wettbewerb verfallenen Welt entscheiden, um sie hervorzubringen, uns anzueignen, zu bewahren, für einen Augenblick zu unterbrechen? Wovor sollen wir uns verneigen, vor der barmherzigen Allschwäche des ersten Gottes oder vor unserer eigenen erbarmungslosen Allmacht? Schwäche des wahren, Macht des falschen?

Da die beiden Pastoren vor unseren Augen im Altarraum sich körperlich und durch die Gegenstände, mit denen sie hantieren, unterscheiden, können wir die Sozialreligion und den Glauben an Gott künftig nicht mehr miteinander verwechseln. Indem sie den Mittler, den Mediator, ersetzen, bemächtigen die Medien sich der *ganzen* Religion, als Verbindung verstanden, und schöpfen deren Macht aus, indem sie ein anderes Religiöses davon unberührt lassen. Am Ende ein großer Tag: Da niemand uns täuscht, können wir uns nicht mehr täuschen.

Kamera hier, Eucharistie da, Soziologen im einen, Geistliche im anderen Fall. *Die falschen Götter erschaffen kollektive Verbindungen, die falsche Götter erschaffen, aber lassen schließlich das Wahre durchscheinen.*

Andere Begräbnisse

Wie werden diese falschen Götter hergestellt? Wir haben Zeremonien beigewohnt, die sich damit vergleichen lassen, als Lady Di oder Johnny Hallyday starben: kollektive Feierlichkeiten, die wiederaufleben ließen, was im antiken Rom Apotheose, das heißt Vergöttlichung, hieß. Ja, wir wurden deutlicher denn je Zeuge, wie die Menge sie zu Göttern machte.

Sicher, einer beschränkten Zahl von Freunden und Angehörigen wurde das Privileg zuteil, in die Kirche eingelassen zu werden, in der die »eigentliche Zeremonie« stattfand, aber bei diesen Pseudo-Vertrauten handelte sich nur um eine Handvoll Stars oder Prinzen, die ihrerseits Kandidaten einer solchen Vergöttlichung waren und dem, was sich im Chorraum abspielte und ohnehin niemanden kümmerte, keine Beachtung schenkten. Die Konsequenzen sind erneut dieselben: Die Menge ist scheinbar zweigeteilt, in die dichtgedrängt auf dem Gehweg Stehenden und die Privilegierten in der Kirche, aber in Wahrheit dreigeteilt, weil fern der

Straße und des Tempels Abertausende von Zuschauern an den Bildschirmen oder in den sozialen Netzwerken das besagte Schauspiel live verfolgten und dadurch Teil der Anwesenden waren, alle vereint durch jene Maschinen, zweifellos abgesehen von den Getreuen, deren Gebet von diesem Ansturm unberührt blieb. Damit beschäftigt, ein Idol, einen Götzen zu schaffen, warf die riesige soziomediale Vergöttlichungsmaschinerie den Gott des Monotheismus auf fast nichts zurück. Die Priester in der alten Kirche verrichteten ihr Gebet allein, vom heidnischen Tsunami schonungslos hinweggefegt. Gegenüber dem reibungslosen Funktionieren der Maschine zur Götterproduktion tritt die Unfähigkeit dieses Monotheismus zu einer solchen Anwerbung von Kollektiven umso deutlicher hervor. Die *communio sanctorum*, die Gemeinschaft der Heiligen, hängt nicht von einer ihr eigenes Fundament schaffenden Massenbewegung ab.

Wir haben also einer dritten Zeremonie beigewohnt, und diesmal einer höchst unerwarteten, die einen gewaltigen Filter aufspannt, durch den sich die schlichte und einfache Religion von der sozialen Konstruktion der Götter, kurzum: die *religion* vom *relié*, die Religion vom Verbundenen, trennen lässt. Was für ein Glück, konnten wir doch so das Falsche, Mächtige, Gewaltige, Intensive, das so wohlfeil und naheliegend ist, dass es unverbrüchliches Einverständnis, aber wenig Information erzeugt, in aller Deutlichkeit vom Wahren, Unscheinbaren, Leichten, schwer Zugänglichen, Unwahrscheinlichen, Seltenen, aber Informationsgesättigten unterscheiden.

Die Mischung, die Synthese mehrerer »Religionen« in allen drei Fällen erlaubt eine detaillierte Analyse, die in aller Deutlichkeit freilegt, was die Soziologen beschreiben und was ihnen entgeht. Der Gott des Monotheismus ist keine kollektive Hervorbringung, sondern bringt uns hervor. Anders die Götter des Polytheismus, die wir, wie Bergson es vorhergesehen hat, mechanisch hervorbringen. Wie? Wir wissen es, wir sehen es inzwischen. Darum auch kann der Polytheismus in meinen Augen als »natürliche« Religion aller Kollektive gelten, die in der Tat unablässig aus Politik, Sport, Schauspiel, Unterhaltung oder Medien geformte Götter hervorbringen. Wir bringen sie hervor, indem wir das Wir hervorbringen; wir bringen das Wir hervor, indem wir sie hervorbringen. »Quasi-Objekte« habe ich sie einmal genannt. Unsere Tradition nennt sie hellsichtig »falsche Götter«.

So hellsichtig, dass ich mich frage, ob nicht die Unterscheidung des Wahren vom Falschen auf den oben genannten Filter zurückgeht. Die Geschichte erzählt in der Tat vom Kampf auf Leben und Tod der Propheten gegen die Könige, der Physiker gegen die griechische Polis, von Kämpfen der Forschung gegen den Konsensus, des Einsamen gegen die große Zahl, des Erfinders gegen die Experten, des Leichten und Filigranen gegen das Schwere. In diesem Spiel verlieren die Neuerer jedes Mal. Und die Wahrheit wird schwer und schwerfällig erst dadurch, dass sie von der Gruppe angenommen wird, die sie zum Dogma oder Gemeinplatz macht. Damit beginnt der Kampf aufs Neue.

Der Konsensus hat nichts mit der Wahrheit zu tun; viele unserer Vorläufer haben ihr Leben gegeben, um den Beweis dafür anzutreten. Da sie leider die Macht der großen Zahl fortsetzen, lassen unsere Medien das Erbe der antiken Geometer und modernen Aufklärer in eine schwere Krise geraten.

Epistemologie des Falschen

Denn ob es die Sterne, die Erde, das Klima, das Lebendige betraf – seit dem Zeitalter der Aufklärung wurden der Religion, hier: dem Christentum, durch die harten, experimentellen Wissenschaften die meisten Entstehungsgeschichten allmählich, aber vollständig entrissen. Himmelsmechanik, Astronomie, Physik, Chemie, Bio- und Geowissenschaften haben ihr die Erklärung der Welt aus der Hand genommen. Mit diesen Wissenschaften kamen Maschinen und Heilmittel auf, die wirksamer und verlässlicher waren als die Rezepturen oder raren Wunder, auf die jene religiösen Überlieferungen sich beriefen. Diese entscheidende Kritik, an der die Religion zu sterben glaubte, führte indes zu einer Entlastung. Interpreten, die noch der Buchstäblichkeit der Texte verhaftet sind, verlieren ihre Zeit, ihre Glaubwürdigkeit, ihre Kämpfe; die anderen beten zu Gott, ohne sich noch über eine wissenschaftliche Rationalität zu beunruhigen, die ihnen mitunter sogar willkommener Zeitvertreib ist.

Die zweite Kritik kam von den weicheren Sozial- und Geisteswissenschaften, die das Religiöse und seine Riten nur zu gern auf kollektive Funktionen reduzieren: Götter einen das Gemeinwesen, verbinden Kollektive und sorgen für sozialen Zusammenhalt. Dieser geht aus ihnen, sie gehen aus ihm hervor. Diese Kritik war noch verheerender als die erste. Ein Übriges tun Existenz und Funktion der neuen Informationsmaschinen. Zu Sozialmaschinen geworden, stehen sie zu den Sozialwissenschaften im selben Verhältnis wie die auf entropischer Ebene funktionierenden Geräte zu den harten Wissenschaften. Und so reißen Medien, Fernsehen, soziale Netzwerke, Bildschirme aller Art all die Zeremonien an sich, die im archaischen Polytheismus die Massen verhext hatten. Im Angesicht des zugleich anwesenden und abwesenden Moderators vollzieht sich die virtuelle Einswerdung aller. Sport, Theater, Kino, Bücher, Lehre, Gerichtsprozesse, politische Versammlungen, Zusammenkünfte aller Art, Kriege, Skandale, Morde – was immer aus dem Sozialen hervor- oder ihm vorausgeht, es darstellt, erneuert, befeuert, verwandelt oder auch nur untersucht, es läuft von nun an über diese Medien, Bildschirme, Netzwerke. Es existiert nicht ohne deren Spektakel und recycelt sich durch dieses Spektakel, diese Zurschaustellung, die eine verstreute Menge in eine Einheit oder Ganzheit verwandelt. Sie vereinnahmt alles, was alle betrifft. Sie bemächtigt sich vor allem der vor aller Augen geführten Existenz, die für viele mit der Existenz selbst zusammenfällt, und für fast alle mit der Wahrheit, wie in den alten Zeiten der griechischen *aletheia*, in denen die Übereinkunft noch unbeleckt von der entscheidenden Neuerung der Beweisführung war. Nichts existiert, sozial gesprochen, ohne dieses Spektakel, das die Meinungen aller weniger reflektiert als hervorbringt. Die Gesellschaft wird weniger von ihm gespiegelt als von ihm gemodelt. Es wird selbst zur Gesellschaft. Da deren Existenz zumeist eine bloß virtuelle, allenfalls von Zeit zu Zeit durch kriegerische oder andere Gewalt aktualisierte ist, wird sie von jenen Virtualitätsmaschinen durch und durch bestimmt, ja geschaffen.

Alle Geschichten, die wir bisher gehört haben, von Urteilen, Hinrichtungen, Begräbnissen spielen in der Stadt, in Paris oder Jerusalem. Nehmen wir nun einen höher gelegenen Standpunkt ein. Die Stadt verbindet, auf dem Land sind wir verstreut. Betrachten wir also das größtmögliche Kollektiv: die Menschheit. Aufgeteilt in Stadt- und Landbewohner.

Episteln und Parabeln

> PHAIDROS: Aber, wirklich, o du Bewundernswürdiger, du erscheinst als ein ganz seltsamer Mensch. Denn geradezu, wie du sagst, einem Fremdling gleichst du, der sich herumführen lässt, nicht einem Einheimischen. So gar nicht kommst du aus der Stadt weder über die Grenze, noch, wie es scheint, gehst du auch nur über die Stadtmauer hinaus.
> SOKRATES: Halt mir's zu gut, mein Bester! Ich bin eben lernlustig. Die Felder und die Bäume nun wollen mich nichts lehren, wohl aber die Menschen in der Stadt. (Platon, *Phaidros*, 230c-d)

Sprechen wir vom »Haus des Herrn«, um zu verschweigen, dass der Sohn keines hatte? Die vier Evangelien verwenden das Wort im Hinblick auf den Menschensohn nur selten. Am Abend der Agonie, im Garten Gethsemane, schlafen die Jünger, in ihre Mäntel gehüllt; sie schnarchen draußen, während der Herr klagt und verzweifelt. Dem verklärten Jesus hatte Petrus vorgeschlagen, drei Zelte aufzustellen, für ihn, für Moses und für Elias. Nach dem Tod des Gekreuzigten losen die römischen Soldaten um seine nahtlose Tunika, sein einziges Obdach.

Wo haben Jesus und die zwölf in den drei Jahren ihres öffentlichen Lebens gewohnt? Nirgends, soweit wir wissen. Sie haben kein Domizil. Sie lagern und bedecken sich mit ihren Mänteln, wenn sie schlafen wollen. Dreizehn Obdachlose, mit nichts, nicht einmal einem Stein, um den Kopf darauf zu betten. Jesus klopft bei dem einen oder anderen an, bei Lazarus oder Zachäus; er sitzt mit nackten Beinen bei Martha oder Maria Magdalena; die dreizehn feiern das Pessachfest bei Freunden, bei denen das Abendmahl und die Fußwaschung, die Waschung der staubigen Füße, von Landstreichern stattfinden. Zu den Arbeiten, die Jesus erwähnt, zählen Weben, Ernte und Aussaat, nur ein- oder zweimal auch der Hausbau. Er vergleicht das Gefieder der Vögel mit den königlichen Gewändern jenes Salomo, der doch der große Baumeister der Geschichte seiner jüdischen Väter war. Jesus baut nicht und er wohnt nicht, ja spukt nicht einmal in seinem Grab herum. Petrus, der steinerne Name ist gut gewählt, wird sich später ein Haus bauen. Und über die Stadt regieren.

Land …

»Mauern, Stadt/Und Hafen/Todes/Zuflucht …« Dagegen das Leben: Sämann, Senfkorn, Lilien auf dem Feld, Vögel am Himmel, Stroh, Balken, Weinreben, Erntearbeiter. Die Gleichnisse der Evangelien, deren Erzählungen an den Ufern des Jordan, in der Wüste, am See, manchmal auch im Sturm, unter Fischern spielen, sind von ländlicher Kultur durchdrungen; und die berühmte Predigt wird auf dem Berg gehalten, *draußen*. Kein Haus, keine Stadt, keine Politik: Gott auf der einen Seite, auf der anderen Cäsar. Von jenen Gleichnissen und den bescheidenen Lebensumständen Jesu geht ein herrlicher, leichter, luftiger, bukolischer, fast zauberhafter Duft aus, der dem aus Tréguier stammenden Ernest Renan – aber was kann aus einem so kleinen Dorf schon Gutes kommen – in seinem *Vie de Jésus* nicht entgangen ist. Ein Duft, für den jeder empfänglich ist, der an der frischen Luft, auf dem Acker, auf den Gewässern gelebt und gearbeitet und sie geliebt hat. Der Nazarener: Was kann aus einem so kleinen Dorf schon Gutes kommen?

Als Jesus auf einem Esel in Jerusalem einzieht, reitet er über Palmblätter: Er kommt in die Stadt nur, um dort gerichtet und verurteilt zu werden, um zu leiden und zu sterben.

… und Stadt

Im Gegensatz zu seinem Herrn, der ihm freilich *draußen*, auf einem Weg begegnet, reist Paulus, in Tarsus als Sohn eines römischen Bürgers geboren, von Stadt zu Stadt. Seine Briefe richten sich an die Korinther, an die Kolosser, an die Thessaloniker, an die Römer, also erneut an Stadtbürger. Paulus urbanisiert – wie später Petrus – eine Botschaft ländlichen Ursprungs. Die geläufige, unter Historikern und Soziologen weitverbreitete Vorstellung, nicht Christus, sondern der Heidenapostel habe die christliche Religion begründet, entspringt schlicht und einfach einer Welt- und Geschichtsdeutung, die glaubt, es müsse alles von den Städten und ihren Bürgern ausgehen, die Landbewohner dagegen hätten, sprachlos, nur das Recht zu schweigen. Damit bricht Jesus. Die Frohe Botschaft erreicht uns nicht aus den Städten. Geschichtsentrückt und ungetrübt erklingt sie in ihrer Unerhörtheit aus dem Ländlichen, ganz wie die Botschaft Mose aus dem Fluss, dem Gebirge und der Wüste: zwei Räume, die in der Geschichte keinen Ort haben. Zart und rein, strömt das evangelische Licht aus einer Weite ohne Lärm, ohne Mauern, ohne Straßen. Aber wer hört schon eine Rede von jenseits der Mauern?

Nach Paulus wird Augustinus seinen *Gottesstaat* schreiben, in dem der Gegensatz oder Übergang zwischen Immanenz und Transzendenz, Erde und Himmel im Rahmen der Symmetrie oder Antithese zweier Städte verbleibt. Die christliche Religion, mit Sitz in der Ewigen Stadt, hat sich unterdessen als römische Christenheit tatsächlich nach einer Stadt benannt. Um in die Geschichte einzutreten, muss man in die Metropole und in die Politik eintreten. Lässt sich heute, da die Megastädte den Raum verschlingen und das Bäuerliche vernichten, ein Ort finden, um eine Botschaft zu vernehmen, die von einem bäuerlichen Dorf und seiner ländlichen Umgebung ausging?

Die alarmierende Bedrohung der Erde lässt sich durch politische Entscheidungen allein nicht bewältigen. Es ist die Wirtschaft in der von uns betriebenen Form, die für diese Zerstörung verantwortlich ist. Wir stellen uns Wirtschaft als ein zwischen zahllosen Tauschhandlungen hergestelltes, ja berechenbares Gleichgewicht vor. Die Politik bleibt in der Stadt, wo wir unter uns bleiben; weil wir allein unsere Transaktionen in Betracht ziehen, denken wir uns die Wirtschaft so, als gäbe es keine Welt. Nur Stadt und Markt, keine Erde, kein Land, kein Meer und auch kein Bergwerk.

Geschichte und Stille

Noch im 19. Jahrhundert lebte nur ein kleiner Teil der Menschheit in Städten, zweifellos weniger als zehn Prozent. Man gewinnt sogar den Eindruck, dass diese Zahl noch sinkt, je weiter man zeitlich zurückgeht. Die Geschichte aber weiß in erster Linie von Ur in Chaldäa, Babylon und Jerusalem, Memphis und Alexandria, Sparta und Athen, Rom und Karthago, Paris, Berlin und Oxford, London und New York, Peking, Delhi und Tokyo zu berichten – alles Zentren, besetzt von einer vermögenden, ruhmreichen, mächtigen Minderheit, die, parasitär, von der Landbevölkerung, den Bauern, den Ziehvätern der Menschheit, ernährt wird, von denen wenig zu hören ist. Die Geschichte schätzt sie gering, obwohl doch der Homo sapiens seit dem

Neolithikum größtenteils auf Äckern und Höfen die Flora und Fauna bewirtschaftet hat. Ich habe oft davon geträumt, eine Geschichte jenes Kampfes auf Leben und Tod zwischen Stadt und Land zu schreiben, den Letzteres stets verloren hat, bis es heute nahezu verschwunden ist. Alarmstufe Rot: Was werden wir wohl essen, wenn dereinst die Bauern ausgestorben sind? Unseresgleichen? Unsere Mauern?

Zwei Ketzer vom Lande

Man musste auf Franz von Assisi warten, mehr als ein Jahrtausend lang, um den Wald der Wölfe, den Himmel der Vögel und die Felder der *Fioretti* wiederzufinden. Zu Rom stand der des Paganismus verdächtigte Dichter und Troubadour im gleichen Verhältnis misstrauischer Unterordnung und hartnäckiger Opposition wie Jesus zu Jerusalem, zur organisierten, urbanisierten, politisierten, den Mystizismus nicht kennenden Religion. Arm und barfuß verlässt der Poverello sein Haus und seinen Geburtsort, nackt lebt er auf den Wegen und stirbt in einer Hütte aus Zweigen, in der er einen Gesang an die Sonne und seine Schwestern, die Pflanzen und Tiere, ja an die *Biogée* anstimmt. Franziskus findet zurück zur Obdachlosigkeit Christi und kündigt von fern unsere säkularen Bio- und Geowissenschaften an. Aus Assisi und seiner Umgebung steigt dieselbe Atmosphäre mystischer Leichtigkeit auf wie jene, die Galiläa zur Zeit Christi erfüllte. Verglichen mit den Städtern Paulus und Augustinus sind Jesus und Franziskus ländliche Ketzer. Passender wäre es, von

Jesus *draußen vor* Nazareth und Franz *draußen vor* Assisi zu sprechen. Beide lebten sie außerhalb der Mauern ihrer Stadt, beide sprachen sie zu den Menschen, *homines*, und den Demütigen, *humilis*, im Zeichen des *humus*, auf den die beiden Wörter zurückverweisen: Die Inkarnation, die Menschwerdung kommt aus der Erde, als Lehm und Humus verstanden.

Bewohner der ländlichen, bäuerlichen Gegenden erfreuen sich keines Titels, der dem des *citoyen*, des Stadt- und Staatsbürgers, entspräche. Als noch vor gar nicht allzu langer Zeit in den Städten nur eine Minderheit wohnte, konnte die ganze Menschheit das Evangelium hören. Wer wird noch Ohren für es haben, wenn erst das Land verlassen und verödet ist?

Sendung

Darum möchte ich die Blumen des Feldes und die ländlichen Gleichnisse besingen; Franziskus und seinen Wolf, seine Vögel, seine *Fioretti*, verfasst in der Portiuncula, fern von der Stadt und vom Staat, selbst vom Gottesstaat; La Fontaine und seine *Fabeln*, in denen sich mitten in Gewässern und Wäldern der Wolf und das Lamm, die Eiche und das Schilfrohr streiten; Michelet, Liebhaber der *Hexe*, weiblich, bekehrt zum *Meer*, zum *Vogel*, zum *Berg*, zum *Insekt* – alles Denker, in denen die seltene Tradition der Felder, Wälder, Wiesen fortlebt.

Seit meinen Anfängen in dieser freien Disziplin, der Philosophie, lebe ich mehr in ihrer Landschaft als in der politischen Obsoleszenz der Städte. *Sotto voce* hat bereits mein Buch *Ablösung* von 1983 den Bauern, den Seemann, den Wanderer, den Franziskaner, den Baum des Lebens besungen. *Paysages des sciences, Nouvelles du monde, Der Naturvertrag, Rameaux, Biogée* gehen diesen Weg weiter.

Wer nie die Stadt verlassen hat, in der alles, Straßen, Mauern, Institutionen, von Menschenhand gemacht ist, lebt in dem Glauben, dass es nichts als das von uns Geschaffene gibt, dass alles politisch ist, dass nichts außerhalb von uns existiert. Bäuerin und Seemann dagegen müssen am eigenen Leib erfahren, dass sie in allen Lebenslagen etwas vor sich, um sich und manchmal auch gegen sich haben, das stärker ist als sie und über sie hinausreicht. In anderem als dem Menschengemachten lebend und arbeitend, ist ihr Verhältnis zur Politik, zur Geschichte und selbst zur Natur nicht dasselbe wie das der Städter. Für Letztere ist der Mensch Gott; für Erstere ist Gott, so es ihn gibt, nicht der Mensch. Der Städter bringt Marx hervor; Bauers- und Seeleute halten es mit Spinoza. Die Sozial- und Geisteswissenschaften sind in der Stadt zu Hause; die harten Wissenschaften streifen draußen vor den Mauern umher.

Wider den Sokrates des *Phaidros*: Die Männer aus der Stadt lehren mich nichts, wohl aber das Land und die Bäume. Nichts: das heißt nur den Menschen; alles: das, worin er eingelassen ist. Wenn ich glaube, dann glaube ich *in* Gott. *Deus sive natura.*

Unterscheiden wir zwei Existenzweisen, zwei Arten von Menschen. Im Freien lebend, Wind und Wetter ausgesetzt, fallen die Bäuerin und der Seemann nie aus ihrem In-der-Welt-Sein heraus. Jesus zum Beispiel, der Unbehauste, der vom Sämann spricht und über das Wasser geht. In den vier Wänden ihrer Wohnung und zwischen den beiden steinernen Steilwänden ihrer Straßenschlucht aufgezogen, sehen dagegen Stadtmädchen und -jungen ihren Horizont auf die familiären Beziehungen verengt, und von der Analyse berauscht, wechseln sie gern von diesem Interieur ins andere, in den Rückzugsraum des Bewusstseins. Ödipus zum Beispiel, König von Theben, mutmaßlich Papas Mörder und Mamas Geliebter. Umgeben von Dingen, die nicht von ihnen abhängen und über sie hinausreichen, gezwungen, diese Dinge mit denen in Einklang zu bringen, die sich ihrem Tun und Wirken fügen, ist das Leben der Bäuerin und des Seemanns eingelassen in die weit ausgreifenden Verbindungen des Himmels und der Erde mit den gewaltsamen und spärlichen Beziehungen zu anderen in einem verstreut besiedelten Lebensraum. Zwei einander fremde Weisen, sich zu verbinden, eine drinnen und eine draußen.

Zwei Weisen, das Religiöse zu leben oder zu denken?

Der Stadt-Land-Konflikt

Die Rustikalität der Evangelien verrät schließlich etwas über den Zorn Jesu, der die Religion der Stadt, der Pharisäer und Tempelhändler trifft. Einen Ketzer habe ich ihn gerade genannt. Was er an den Tag legt und ausspricht, ist eine Art Misstrauen gegenüber dem mediokren Theater, das die städtische Bürgergesellschaft den Menschen abverlangt. Diese Einstellung verpflichtet zur Treue sich selbst und anderen gegenüber, vor allem aber zu einem mystischen Verständnis der Religion. Nein, es war nicht Péguy, der als Erster das Gegensatzpaar mystisch/politisch aufbrachte, das in den Evangelien so deutlich greifbar ist.

Mystizismus, wahre Religion. Die falschen Götter gründen die Städte, sie erheben ihr Haupt bei Bestattungen, Gerichtsverhandlungen und Hinrichtungen, bei Versammlungen aller Art, sie treten aus der Politik in dem Sinne hervor, in dem der Begriff die Stadt, die *polis*, meint. Dort ist alles Politik, das Wort ist dasselbe. Draußen dagegen ist etwas, das über unsere Geschicke und Werke hinausreicht. *Natura sive Deus.*

Barmherziger Paganismus

Vergessen wir aber nicht, dass Landbewohner und Heiden, die auf den gleichen Namen hören, *paganus*, ein entsprechendes Gefühl gegenüber der Natur hegen. Am Katholizismus, der in dieser Hinsicht Erbe der ländlichen Evangelien ist, mag ich die anthropologische Weisheit, die darin liegt, den Monotheismus mit einem Heiligenkult zu verquicken, der von der Verehrung der falschen Götter des Polytheismus nicht weit entfernt ist, ja manches von ihr übernommen hat. Und in der Tat, was ist ein Märtyrer, wenn nicht ein unschuldiges Opfer und darin ein dem wahren verwandter falscher Gott? Durch diese erdverbundene, realistische, ich möchte sagen: anthropologische Milde, diese umfassende und behutsame Synthese, nahe am Volk, an den Köhlern und Landfrauen, vermeidet der Katholizismus den abstrakten, ausgrenzenden, mitunter gewalttätigen Radikalismus, der einigen strengen Monotheismen eignet. Franziskus, ein mystischer Heide, schützt uns vor der Inquisition.

Ich erinnere mich, wie ich als Kind dem Priester bei der Feier der Bitttage assistiert habe. Gefolgt von einer Prozession der örtlichen Landwirte und Handwerker, segnete er, ein Bauer, vor dem Städtchen unter dem pastellfarbenen Himmel Aquitaniens den *pagus*: junger Weizen, grüne Reben, Weiden, Moore. *Paganus*, noch Heide und schon Ökobauer. Zeichnete im immanenten, von Nymphen und Najaden erfüllten ländlichen Raum sein Weihrauchschwenker den ersten Umriss der *Biogée* in die Luft? Nein, es waren die Spuren Christi, auf denen er in diesem Frühling im Quercy, vom Gesang der Finken begleitet, zwischen den eben erst austreibenden Kirschbäumen umherwandelte, so leicht und unbeschwert wie der Galiläer oder der Umbrer. Haben wir damals, Heiden und/oder Christen, den wahren Gott oder die Hamadryaden angebetet? Zweifellos beide. Kannten wir den Unterschied?

Von der Erde zur Stadt

Vielleicht, hat doch unser moderner Westen von einem einzigartigen Glücksfall profitiert. Erst vereinzelt, dann massenhaft haben wir uns zu einer importierten Religion bekehrt, die in einem anderen Land aufkam, im Heiligen Land, in Palästina, wo sich die heilige Geschichte, die des hebräischen Volks und der Erlösung durch den ausstehenden oder gekommenen Messias zutrug. Die Ereignisse, die über unser Heil entscheiden, finden nicht bei uns, sondern anderswo statt und stoßen Menschen einer anderen Kultur zu. Es ist nicht der Boden unter unseren Füßen, auf dem heilige Geografie und heilige Geschichte sich ereignen.

Weil sie nicht mehr den Heimatboden vergötterten, trennten die Völker des Abendlands das Spirituelle oder Geistliche von ihren chthonischen Wurzeln. Damit ließen sie den *pagus* des Paganismus hinter sich. Diese Deterritorialisierung betreibt das Abendland seit seinen Anfängen. Oder besser: Es verdankt diese scharfe Abzweigung jener Abkopplung vom Boden.

Das heilige Abenteuer, das mit dem Auszug des hebräischen Volks ins Gelobte Land begann und von den Christen bis zum Äußersten getrieben wurde, brachte Letztere zu der Überzeugung, dass jenes Land, in dem Milch und Honig fließen, auf Erden nicht zu finden sei: Wir sind exiliert, wir werden nicht mehr in es zurückkehren und streben fortan danach, in das himmlische Jerusalem einzuziehen. Die Moderne ist nicht denkbar ohne diese Abstraktion vom immanenten Boden, den von Augustinus beschriebenen Absprung vom irdischen Staat in den Gottesstaat.

Wie viele Tote hätte diese Erwartung verhindern können, in den Zeiten der Kriege *pro aris et focis*, für die Altäre und Opferstätten, für das Vaterland, *la patrie*, heilige Erde der Ahnen, grausame, todesschwangere Rabenmutter? Wie viele würde sie uns heute noch ersparen?

Wenn wir aber diese Differenz zwischen Stadt und Land, zwischen dem heidnischen *pagus* der falschen Götter und dem einen wahren Gott für geklärt halten, wie können wir dann vom einen zum anderen, von der Politik zur Mystik übergehen, von den miteinander verbundenen Menschen zu dem, was sie von diesen Bindungen befreit?

Von geistlichen und weltlichen Mächten

Überfliegen wir in noch größerer Höhe die Karte der Welt und der Menschheit, so wird eine weitere, erneut religiöse Weise sichtbar, Letztere zu verbinden. Denn eine geistliche Macht kann Gruppen verbinden, die durch weltliche, politische, wirtschaftliche oder kriegerische Mächte getrennt sind. Zahlreiche Nationen teilen asiatische Religionen, das Judentum, den Islam oder das Christentum.

So träumte Auguste Comte von einer dritten Integration, einer Menschheitsreligion. In einer Zeit, da Verbindungen sich augenblicklich herstellen lassen, da das Netz räumliche und zeitliche Distanzen verschwinden macht, da mit dem Handy jeder jetzt und hier die Welt in Händen hält – wie sollte man da nicht mit und nach Comte von dieser Religion träumen? Und in der Tat, wie können wir der real existierenden Globalisierung entkommen, die wir heute leben, der des Handels und der Finanzen, die mithilfe der neuen Technologien die Gesamtheit der Beziehungen, Bindungen und Verbindungsweisen in Beschlag nehmen? In ebendem Augenblick, da sie faktisch erst zu existieren beginnt, befindet sich die eine Menschheit in der Gewalt falscher Götter, die ebenso neuartig wie archaisch, weil in Raum und Zeit fassbar sind. Und steinreich, da wir sie vor unseren Bildschirmen unablässig füttern. Allein an das Geistliche oder Transzendente knüpft sich kraft ihrer Abwesenheit die Hoffnung, dieser weltlichen, gewiss, aber auch weltumspannenden Bemächtigung zu entkommen. Vielleicht spricht sich in der gegenwärtigen Rückkehr des Religiösen diese Hoffnung aus.

Welcher barmherzige Gott wird uns vor Hermes/ GAFA retten, die in jedem Haushalt fest installiert sind und ihn unter Daueraufsicht stellen? Hermes sehe ich heute mit anderen Augen als einst, in meinem nach ihm benannten Buch. Oder, genauer: Ich sehe, wie er mich sieht, wie das Auge des Hermes uns stets und überall überwacht. Also versuche ich mich, versuche ich uns von diesem so virtuellen wie realen falschen Gott zu befreien. Ja, er ist ein falscher Gott, haben wir ihn doch mit unseren eigenen Händen erschaffen, ihn, dessen Macht uns erdrückt, uns bestiehlt, uns unterjocht. Nie brauchten wir einen wahren, abwesenden und transzendenten Gott so sehr wie heute. Nie waren wir dem so nah, nie waren wir davon weiter entfernt.

Tautologisch, nennt der Ausdruck »weltliche Macht« zweimal die Kraft, die Unterwerfung fordert; widersprüchlich, nimmt der Ausdruck »geistliche Macht« an, dass, je mehr das Geistliche oder Spirituelle wächst, umso weniger irgendeine reale Macht ausgeübt wird. Deshalb der Überflug von vorhin: Luftig, extensiv, nach Allgegenwart strebend, kehrt das Geistliche das intensive, harte, feste und lokale Weltliche um. Das eine ist schwach, also global, das andere mächtig, aber partiell.

Das tödliche Harte und das pflanzliche Weiche

Was also verbindet die Religion? Zunächst den Himmel mit der Erde, auf der vereinzelt Hotspots diese Verbindung lesbar werden lassen. Dann zweifellos die Glaubensgemeinschaften, Gruppen, Kollektive aller Art, ja die Gesellschaft, die Menschheit insgesamt. Wir haben diese zweite Dimension untersucht, indem wir den Blick langsam erweitert und den Leser eingeladen haben, über jeweils drei immer weiter ausgreifende Gerichtsverhandlungen und Bestattungszeremonien nachzudenken – tragische Schauspiele in ihrem je eigenen Verhältnis zum Tod.

Keine antike Stadt ohne Tempel, der Opferungen, keine ohne Amphitheater, das Tötungen geweiht war; keine zeitgenössische Stadt ohne Theater, an dem häufig Tragödien gespielt werden, und ohne Arena – mitunter auch eine *plaza de toros* –, in der getötet wird. Kein Tempel auf dem Land, nur der innerhalb der Stadtmauern nicht sichtbare Himmel. Aber die Stadt überzieht das Land mit dem Tod, in dem sie es mit Chemie und nach Toten gierenden Medien abstumpft.

Wie wird diese menschliche Verbindung aber geknüpft, wenn sie weniger das Kollektiv als vielmehr die Individuen betrifft? Antwort: durch die Frohe Botschaft, die Liebe. Daher die Frage: Wie taucht sie in der Geschichte auf?

Tatsächlich zieht sich durch die Geschichte der Religionen, zumindest der abrahamitischen, das Gesetz des Übergangs zwischen drei Stadien. Bestimmte archaische Zeremonien opfern einen Menschen, häufig eine Frau oder ein Kind. Im Buch der Richter stirbt die Tochter Jeftahs durch die Hand des Vaters, der versprochen hatte, als Preis für seinen Sieg über die Ammoniter den Ersten zu opfern, der ihm bei seiner Rückkehr begegnet. Es ist seine Tochter, die singend und tanzend auf ihn zuläuft, um seinen Sieg zu feiern. Nicht anders bei den Griechen: Auch Iphigenie, Tochter des Agamemnon, seines Zeichens Oberkönig, wird von ihrem Vater getötet, der als oberster Heerführer die griechischen Truppen gegen Troja führt, dessen Flotte aber wegen einer Windstille nicht vom Fleck kommt. Für etwas Wind das eigene Kind opfern. Auf den aztekischen Pyramiden wurde das Opfer überdies gehäutet, und der Priester hüllte sich in seine Haut.

Erstes der drei Stadien: das Menschenopfer, tragisches Schauspiel inmitten einer Menge von Soldaten oder faszinierter Anhänger. Welches Gericht hatte die Unglückliche oder den Unglücklichen zum Tode verurteilt? Das Volk, das sollten wir nie vergessen, strömte in Scharen herbei, um gebannt den Hinrichtungen beizuwohnen, wie denn auch tödliche Unfälle eine Unzahl an Schaulustigen anlocken. Unsere todesversessenen Medien haben diese jahrtausendealte Lektion so gründlich gelernt, dass sie das Publikum mit Meldungen und Bildern von Katastrophen, Attentaten und

Morden locken, um so die Gesellschaft mit einem tristen Grauschleier des Pessimismus und der Schwermut zu überziehen.

Aber wir haben auch gesehen, und dafür genügt eine einzige Hinrichtung, welcher Gefahr der Auslöschung unserer eigenen Spezies das Menschenopfer uns aussetzt.

Erste zivilisatorische Errungenschaft

Die Bibel berichtet vom ersten Schritt zur Abschaffung dieser gefährlichen Gräueltat. Abraham erhebt das Messer, um Isaak, seinen Sohn, zu töten, aber im letzten Augenblick lässt er von ihm ab und opfert einen Widder, der sich mit den Hörnern in einem nahe gelegenen Busch verfangen hat. Die Geschichte geht also vom Menschenopfer zum Tieropfer über. Geburtsstunde der sogenannten abrahamitischen Religionen. Wir verehren sie und beklagen hie und da die Wiederholung archaischer Praktiken

Jahrtausendealt und heute noch praktiziert, in Spanien vor allem, nimmt auch der Stierkampf, vielleicht unerwartet, einen Platz in dieser langen Geschichte ein, von der man sagen kann, dass sie uns zivilisiert hat. Die Corrida ruft ihrerseits den feierlichen Augenblick in Erinnerung, da wir vom menschlichen Opfer abließen, um die Gewalt, von der die in der Stierkampfarena sich drängende, wieder und wieder »Olé« rufende Menge durchdrungen ist, gegen ein Tier zu richten, das bereits domestiziert wurde, um zu sterben und uns zu ernähren. Das Tieropfer, ich bin nicht der Erste, der darauf hinweist, trifft stets nur domestizierte Tiere, die wir aufziehen, um sie zu essen.

Die Erzählung von Abraham und Isaak markiert schlaglichtartig den Augenblick des tragischen Zauderns, der heiligen Entscheidung, die den Arm des Opferers vom Sohn weg auf den Widder lenkt. Auch die Faena, die den Höhepunkt des Stierkampfs darstellt, besteht aus einer Folge von Passagen, die so unmerklich und fließend ineinander übergehen, dass sie sich nur den Aficionados erschließen, und niemand weiß, wer sterben wird, Stier oder Matador. Manolete stirbt um fünf Uhr an einem Nachmittag in Linares, andere, Joselito, Balderas, Paquirri, in anderen Arenen an *cornadas*, aber fast immer trifft es den Stier. Das Tier mit den spitzen Hörnern bricht unter der symmetrisch geschliffenen Spitze des unter der Muleta verborgenen, zwischen den Schultern eindringenden Degens zusammen. Die Sprache des Stierkampfs vergleicht den Torero in diesem Augenblick mit einem Engel: Reminiszenz an den Götterboten, von dem die Bibel sagt, er habe das Messer vom Hals Isaaks weg zur Kehle des gehörnten Widders geführt?

Die Corrida, darin im genauen Sinne abrahamitisch, markiert den religionsgeschichtlichen Übergang vom Menschen- zum Tieropfer. Vielen von uns gilt die Stierkampfzeremonie als grausam und blutrünstig, da wir seit Langem, wie ich gleich ausführen werde, in der vegetabilen, unschuldigen und sanften Ära von Brot und Wein leben.

Parenthese: Die dafür streiten, dass wir uns nur noch von Pflanzen ernähren und auch den Stierkampf abschaffen sollten, haben sie darüber nachgedacht, welche Konsequenzen eine solche Entscheidung hätte, wenn sie erfolgreich umgesetzt würde? Keine Aufzucht mehr. Alle domestizierten Tiere verschwänden. Statt sie eines nach dem anderen zu töten, wie in den Schlachthöfen oder Arenen, würden wir sie als Spezies auf einen Schlag töten. Das Heilmittel erweist sich als schlimmer denn das Übel.

Zweites Stadium: das Tieropfer. Unsere muslimischen Freunde töten beim Opferfest, an dem das Opfer Abrahams feierlich begangen wird, heute noch ein Schaf.

Das Zeichen des Jona (Matthäus 12,40)

Das Neue Testament (Matthäus 8,23-27) berichtet, wie Jesus in einem Boot schläft, als ein Sturm über dem See aufzieht. Im Alten Testament (Jona 1,4-15) schläft Jona, verborgen im Laderaum eines Schiffs, als das Meer vom Sturm aufgewühlt wird.

Der gewaltige Orkan, der sich im einen Fall durch das Wort, im anderen durch ein Menschenopfer jäh wieder legt, peitscht zweifellos weniger die Wellen als vielmehr die Wut der Seeleute auf. Täuschen wir uns nicht: Es ist in beiden Fällen eine Gewaltkrise, was sie gegeneinander aufbringt. Und auch die Sintflut, vor der sich Noah in Sicherheit bringt, steht in einer Erzählung, die realistischer ist als die Abstraktionen eines Hobbes oder Rousseau, für nichts anderes als den Krieg aller gegen alle, der bis auf einen kleinen Rest schließlich alle auslöscht.

Im Buch Jona gesteht der Held der Erzählung vor allen seine Schuld: »Denn ich weiß, dass dieser gewaltige Sturm durch meine Schuld über euch gekommen ist.« Darauf werfen die Seeleute Jona ins Meer, und schlagartig legt sich der Sturm. Die Opferung eines Einzelnen stellt den Zusammenhalt der dadurch befriedeten Gruppe wieder her. In Matthäus 8,26-27 steht Jesus auf und »drohte den Winden und dem See und es trat völlige Stille ein. Die Menschen aber staunten und sagten: Was für einer ist dieser, dass ihm sogar die Winde und der See gehorchen?«

Die gleiche Frage hätten sich die Matrosen stellen können, die Jona den sich auftürmenden Wellen preisgaben, aber sie taten es nicht, so überzeugt, wie sie und das Opfer selbst waren, dass ein Mensch durch seine Schuld den Aufruhr der Wellen hervorrufen und ihn, sei es durch sein Opfer, wie Jona, sei es durch seine Worte, wie Jesus, wieder beruhigen kann. Uns Modernen, die wir wissen, dass Ersteren keine Schuld an dieser unwahrscheinlichen Untat trifft, kommen beide Auswege für den Fall des Zorns so rätselhaft vor wie für den der Wassermassen, oder genauer: unmöglich, was die Wellen, nicht ganz unmöglich, was den Massentumult anbelangt. Friedliche Lösung: Das Wort kann durch Drohen oder Überzeugen dem Hass und der Zwietracht Einhalt gebieten. Das ist es, was Jesus tut.

Hier müssen wir vorsichtig sein, da wir es offenbar mit einem entscheidenden Wendepunkt zu tun haben. Das Buch Jona geht vom Menschenopfer zur Opferlosigkeit über, rettet sich doch der geopferte Held vor dem Ertrinken, *nicht ohne durch das Tier hindurchzugehen*. Wie der Widder Isaak vor dem Tod bewahrt, so speit hier der Fisch das Opfer, das er verschlungen hat, ans Ufer, nachdem es drei Tage und drei Nächte in seinem Bauch verbracht hat, so lange wie später Jesus im Grab. Erstes Stadium: Um den Sohn zu retten, stirbt der Widder. Die Erzählung von Jona geht einen Schritt weiter: Weder Mensch noch Fisch sterben. Wie seinerzeit der Widder, so *rettet das Tier den Menschen, aber stirbt diesmal nicht*.

Bei der Krise im Buch Jona ist das Menschenopfer schon abgemildert, da das Opfer, wie seinerzeit Isaak, gerettet wird. Besser noch sieht es für den »Wal« aus: Auch das Tieropfer ist schon abgemildert, der Fisch rettet den Menschen, ohne selbst zu sterben. Übergang zwischen den zwei ersten Stadien: Das Tier stirbt nicht.

So vertreibt Jesus auch in Jerusalem die Händler aus dem Tempel. Griechen, Latiner, Hebräer und andere verwandelten ihre Tempel in gewaltige, von Blut triefende Metzgereien, in denen Vögel, Schafe, Rinder und auch Schweine getötet wurden. Am Eingang religiöser Bauwerke konnte der Gläubige ein Tier aussuchen und kaufen, um es opfern zu lassen. Jesus verjagt die Händler, um diesem Treiben ein Ende zu setzen.

Wie kann man aber das Opfer überhaupt hinter sich lassen? Dafür ist erneut ein Vikariat erforderlich, eine *vicariance* – dasselbe Wort wie *victime* –, das heißt ein Ersatz. Der Widder im Busch nimmt in der Tat den Platz Isaaks ein, wie der Stier der Corrida den des Torero. Wie sieht der neue Ersatz aus?

Tatsächlich begegnet uns gegen Ende der vier Evangelien eine neue Wendung, ein neuer Übergang: *von der Fauna, vom Widder, Wal, Schaf oder Stier, zur Flora, zu Brot und Wein*. Indem es das Abendmahl am Donnerstag und die Passion am Freitag mit der Auferstehung am Sonntag vereint, gedenkt das Messopfer des feierlichen Augenblicks, da sich die Hostie und der Trunk aus dem Kelch in das Fleisch und Blut Christi verwandeln. Gründet sich dieses den Gläubigen gebotene Schauspiel einmal mehr auf den Tod eines Opfers?

Noch einmal von vorn. Du sollst keinen Menschen mehr töten, sondern ein Tier: Altes Testament. Neues Testament: Du sollst weder Mensch noch Tier töten, sondern Brot und Wein zu dir nehmen. Das Buch Jona weist, gleichsam im Gleichgewicht zwischen den drei Gesetzen, darauf voraus, da in ihm weder Mensch noch Tier sterben. Dass der Fisch das Opfer ans Ufer speit, offenbart schon diesen doppelten Sieg über den Tod. Tatsächlich lesen viele Kommentatoren diese Erzählung als Präfiguration der Wiederauferstehung Christi, dessen Leib und Blut sich in Brot und Wein wiederfinden.

Überlieferung und Theologie hören nicht auf, über diesen Übergang vom Leib und Blut Christi zu Brot und Wein, ja letztlich, wie das Dogma der Realpräsenz es will, die wundersame Verwandlung beider Substanzenpaare ineinander zu rätseln. In der Folge von der scholastischen Metaphysik durch den Rekurs auf eine Transsubstantiation verdunkelt, klärt sich das Rätsel jener Präsenz, versetzt man es an das Ende dieser Geschichte, dieser Anthropologie in drei Akten. Die Eucharistie vollendet diese Geschichte durch den Kurzschluss zwischen einem höchst blutigen Menschenopfer – der Passion Christi – und dem Verzehr von Nahrungsmitteln, die aus Weizen und Trauben, also aus Pflanzen, gewonnen wurden.

Überspringt sie die beiden ersten Stadien, Mensch und Tier? Ja und nein, da die Wiederauferstehung am Sonntag den Tod am Freitag ausgleicht. Ja und nein, da mir nicht bekannt ist, dass die zwölf beim Abendmahl ein Osterlamm verzehrt hätten, das mit einem Mal vom Sündenbock zum Lamm Gottes, welches die Sünden dieser Welt hinwegnimmt, anders gesagt: zum mystischen Lamm geworden wäre. Weder Mensch noch Tier sterben. Schlusspunkt dieser Geschichte des Opfers: Christus, der Mensch, tot, aber wiederauferstanden; das Lamm, die Fauna, sublimiert; und schließlich Brot und Wein, die Flora. Messopfer.

Zwischen diesen drei Zeitpunkten liegen zwei Bifurkationen. Das Messer Abrahams, erhoben, über Isaak schwebend, zaudert und zweigt vom Sohn ab in Richtung Tier – feierlicher Augenblick einer urwüchsigen Faena, die zwischen dem ins Licht getauchten Erstgeborenen und dem dunklen Horn schwankt. Bei der Konsekration schließlich wird das Brot zum Leib, der Leib zum Brot, der Wein zum Blut, das Blut zum Wein.

Abraham hebt oben auf dem Berg die Faust mit dem Messer; der Torero tanzt in der Mitte der Arena; die Altäre triefen von Opferblut; Jesus vertreibt die Händler aus dem Tempel; Jona und Jesus beschwichtigen die tobenden Fluten; und schließlich das heilige Abendmahl, so oft gemalt, alltäglich wiederholt – alles tragische Szenen, alles Schauspiele, die um den Tod kreisen, alles Weisen, die Mengen zu versammeln und zu verbinden.

Die drei Stadien. Bilanz

Du sollst keinen Mann, keine Frau, kein Kind mehr töten, du sollst keinem Tier mehr das Leben nehmen, ob Widder oder Stier, du sollst Brot essen und Wein trinken. Ja, die Eucharistie lässt ein unschuldiges, sanftes Zeitalter anbrechen, das dem Schlachten abgeschworen hat und sich der Flora zuwendet. Pflanzen sind autotroph, anders als die heterotrophen Tiere: Diese überleben nur auf Kosten anderer Lebewesen, jene brauchen nur die Welt, das Wasser, die Sonne, das Licht und materielle Moleküle. Sie überleben unabhängig von anderen Lebewesen. Sie töten nicht. Fleisch und Blut entstammen also den alten Opferungen, aber beide verwandeln sich in opferlose Substanzen, in Brot und Wein.

Eins: Um des Friedens willen einen Menschen töten. Zwei: Ein Tier töten, um es zu essen. Und endlich: Essen, ohne zu töten.

Da capo – noch einmal zum Ursprung

So friedfertig wir sein mögen, auch als gesunde Überträger geben wir alle die Erbsünde weiter. Erb- oder Ursünde, weil schon im Paradies begangen, dort, wo alles essbar und wohlschmeckend war, wo unsere Stammeltern alles essen durften. Was sie nicht hätten essen sollen, ist die Frucht vom Baum der Erkenntnis. Eva aber, von der Schlange versucht, aß nicht nur von ihr, sondern reichte sie Adam weiter, der seinerseits von ihr aß. Wie in einer Dauerschleife kehrt seit der Morgenröte oder der Genesis der Menschheit dieses Verb wieder: essen.

Der Apfel, den Eva aß, gehört der Flora an. Ist das besagte Paradies ein Symbol des paläolithischen Zeitalters der Jäger und Sammler, in dem dieses Urpaar der Jagd entsagte und nur vom Sammeln lebte? Die versucherische Schlange dagegen frisst andere Tiere. Sie jagt. Sie tötet, um zu essen. Indem sie den Apfel isst, weigert sich Eva, Mitgeschöpfe zur Strecke zu bringen. Damit tritt sie aus der im eigentlichen Sinne paradiesischen Unschuld heraus, in der die Tiere leben, die, um zu essen, ohne Bedenken jagen und töten. Indem sie diese naive Arglosigkeit ablegt, diese Unschuld hinter sich lässt, ruft sie eine Sünde, eine Urschuld ins Leben. Und damit erfindet sie recht eigentlich die Schuldhaftigkeit der Gewalt, das heißt die Wesensvoraussetzung des moralischen Bewusstseins, vielleicht des menschlichen Bewusstseins überhaupt. Der Auszug aus dem Paradies, das heißt aus dem aller Schuld enthobenen Zustand, in dem die Tiere leben, bringt die Conditio humana tatsächlich erst hervor. Selbst um zu essen, möchte Eva nicht mehr töten: Was bei den Raubtieren Unschuld war, wird menschliche Sünde, auch wenn wir als Menschen beteuern, am Blut dieser Gerechten unschuldig zu sein. Die Erbsünde besteht darin, buchstäblich inoffensiv, angriffsunlustig zu werden. Das Töten wird zur Kardinalsünde, die daher zu Recht Todsünde heißt. Der Verzehr von Tieren setzt diese Gewalt voraus, die wir nicht mehr loswerden. Aus dem Paradies herauszutreten, Mensch zu werden, heißt die Unschuld, in der die Tiere leben, hinter sich zu lassen. Sie töten, um zu essen; du aber sollst nicht mehr töten, auch nicht, um zu essen. Eva, Sammlerin, nicht Jägerin, ist mithin die Präfiguration des eucharistischen Pflanzenverzehrs: Apfel, Weizen, Trauben. Eva: Kein Blutvergießen im Paradies. Jesus: Kein Blutvergießen durch das Abendmahl. Müssten wir eine christliche Eva verehren?

Transhistorischer Kurzschluss zwischen zwei Ursprüngen, dem der verlorenen und dem der geretteten Menschheit. In diesem blendenden Lichtblitz geraten nach Mutter Eva auch ihre Söhne wieder in den Blick: Abel mit seinen tierischen, Kain mit seinen pflanzlichen Opfergaben. Aus dem Paradies der Jäger und Sammler, der unschuldigen Tieresser und der schuldigen Apfelesserin, geht das neolithische Zeitalter der Bauern hervor: Kain und die Ackerbauern auf der einen Seite, der Seite der Fauna, Abel und die Viehzüchter auf der anderen Seite. Ersterer hält mit einem Schlag, der seinen Hirtenbruder tötet, die historische Entwicklung auf, indem er zum Menschenopfer zurückkehrt. Es einführt?

Fazit: Die Mutter isst den Apfel, ein Sohn opfert Tiere, das allein findet die Gnade des Allerhöchsten, darauf opfert der andere den Bruder: Flora, Fauna, Mensch. Langmut der Geschichte: Sie lässt sich Zeit, dieses schon in seinen embryonalen Anfängen umgekehrte Gesetz der drei Stadien in der richtigen Reihenfolge zu entfalten. Dazu wird es Isaak, Jona und das Abendmahl brauchen: Mensch, Fauna, Flora, erst nach Jahrhunderten, nein, Jahrtausenden.

Wissen wir wirklich, was wir tun, wenn wir essen? Biologische Notwendigkeit und heute zudem politische Entscheidung zur Rettung des Planeten, ist Essen auch und vor allem eine sakrale Handlung. Die drei abrahamitischen Religionen feiern ein Mahl. Friede durch und für das gemeinsame Abendmahl. Kommunion.

Abschweifung: Essen

Ich bewundere den stromlinienförmigen Körper der Fische, dessen Muskeln, Nerven, Schuppen und Flossen auf das vorne liegende Maul ausgerichtet sind und ihm zuarbeiten; der ganze Körper vollendet sich im Akt des Fressens, seine Form ist ganz der Notwendigkeit des Fressens verpflichtet. Ich bewundere den Körper der Vögel, deren mehr oder weniger langer Hals den Schnabel noch weiter nach vorne bringt.

Ich bewundere auch den Körper der Vierbeiner, der seinerseits ganz auf den Rüssel, die Schnauze oder das Maul hin angelegt ist, und den der kriechenden Schlangen, die nichts als lange Hälse sind.

Als wir uns aufgerichtet haben, hat unser Mund, darin einzigartig, diese vorgeschobene, herausgehobene, essenzielle, vitale, unvermeidliche Position verloren, um sich in die gleiche Vertikale wie Brüste, Knie und Zehen einzureihen. Unser Körper hat jene Zielgerichtetheit verloren, wir leben nicht mehr nur, um zu essen. Nahrungsaufnahme wird für uns zu einem zwar notwendigen, aber nicht mehr in der Ordnung des Lebens, sondern in der Zeit primären, zu einem archaischen, urtümlichen Akt.

Wo der Mund nicht mehr völlig mit Kauen beschäftigt ist, tut sich ein Freiraum für das Sprechen auf, das sich zwischen Zunge, Lippen und Zähnen seinen Weg bahnt. Das Harte weicht dem Weichen. Die Natur tritt sachte zurück zugunsten dessen, was über die Natur hinausgeht. Ein hominider Übergangsmoment, der so bedeutsam und feierlich ist, dass ich nicht der Erste bin, der ihn heilig nennt.

Das Wort wurde Fleisch.

Zugehörigkeitslibido

Einst blieben wir beim Essen lieber unter uns und schlossen andere aus, da wir uns, die Einen die Einen, die Gleichen die Gleichen liebten. Aber nun sollt ihr einander lieben, die Einen die Anderen, weil es die Einen und Anderen und Gleichen nicht mehr gibt: Jesus führt eine Weise des Miteinanderlebens ein, deren Gunst oder Liebe die Zugehörigkeiten auflöst. Keine Herkunftsbeschränkung, für die Gäste so wenig wie für die Sprachen, die sie sprechen, und die aufgetischten Speisen. Wer wir auch sind, wir essen zusammen.

Diese neue Grundlegung weigert sich, das Individuum als eines zu definieren, das einer Gemeinschaft *angehört* und darum einer *anderen nicht angehört*: Jude oder Grieche, Mann oder Frau, Sklave oder Freier. Der Grieche hebt sich vom Juden ab, die Frau unterscheidet sich vom Mann, der Bürger verachtet den Sklaven. Der Adel, das Königtum, einst sogar das Papsttum und heute die Emirate waren und sind eine Sache der Rivalität unter Familien: Die Capulets hassen und bekämpfen die Montagues, Nationen erklären einander den Krieg, Kirchen verbannen Ketzer, verbrennen sie zuweilen auch oder trachten Ungläubigen nach dem Leben. Nichts verheerender als die Zugehörigkeitslibido.

Kein Innen ohne Außen: Zugehörigkeit schließt Nichtzugehörigkeit, Position schließt Opposition, These schließt Antithese, Inklusion schließt Exklusion, Einschließung schließt Ausschließung ein. Durch diese Verneinung, diese an der Grenze vollzogene Abkehr, beschwören Zugehörigkeiten die Rivalität, den Konflikt und den Tod herauf. Gegenüber dem Herrn ist Knecht der, der in ihrem Kampf auf Leben und Tod seinem Ende ins Auge sehen muss.

Johannes berichtet in 4,9, wie Jesus der Samariterin begegnet, in der Nähe eines durch die Geschichte Jakobs berühmt gewordenen Brunnens. Die Grenze zwischen den Zugehörigkeiten verfestigt sich hier dadurch, dass sie zwischen der auf dem Berg Garizim und der im Jerusalemer Tempel praktizierten Form der Anbetung verläuft: Identität des Ritus, unüberwindbare Trennung. Die Frau, die am Brunnenrand Wasser schöpft, versäumt nicht, diese Differenz der Zugehörigkeiten hervorzuheben: Ich bin von hier, du bist von dort. Jesus antwortet: Die Stunde wird kommen, da die Frommen den Vater im Geiste und in der Wahrheit anbeten werden. Mit dieser geistigen Wahrheit werden die Gegensätze, die der Teilung entspringen, sich auflösen. Die ihrer teilhaftig geworden sind, werden in Sprachen sprechen, deren Laute alle Sprachen in sich aufnehmen, vermischen und in Einklang bringen.

Was da aufscheint, ist eine Nicht-Zugehörigkeit, die keine Teilung, keinen Gegensatz, keinen Ausschluss, keine Rivalität kennt, die nicht dialektisch ist und deren Positivität dem Zusammenhalt des Kollektivs nicht nur keinen Abbruch tut, sondern ihn zu stärken vermag. Das ist der Augenblick, da Jesus über Hegel siegt.

Darum währen kraft der Universalität, nach der viele von ihnen streben, die Religionen länger, als es unsere sterblichen Zivilisationen tun. Warum? Weil diese, die von Zugehörigkeiten leben, sich im Gegensatz zu anderen, nahen oder fernen Zivilisationen bilden. Der Kampf entsteht aus dem Gegensatz, und der Tod folgt aus dem Kampf. Wie konnte das Negative zur treibenden Kraft der Geschichte werden, zur Aufhebung der Zeit, führen doch Rivalität, Konflikt und Kampf zu nichts als dem Tod? Menschen und Kulturen vernichtend, stellt dieses Negative die Zeit still.

Dass die Kirchen sich in ihrer Geschichte der Sünde einer Wiederherstellung von Zugehörigkeiten schuldig gemacht haben, daran lässt sich die Zählebigkeit der Kollektive und die untergründige Kraft der Zugehörigkeitslibido ermessen. Aber es kann die anfängliche und grundlegende Entdeckung, dass deren Verschwinden ungeheure Vorteile birgt, so wenig ungeschehen machen wie die inständige Hoffnung, eines Tages in das Paradies auf Erden einzutreten, jenseits aller Teilungen.

Lasst uns zusammen essen.

Frohe Botschaft: Gott und die wahre Liebe

Geburt und Abstammung

Was kann uns aber, wenn die Gewalt erlischt, an ihrer statt verbinden?

Das Judentum stellt sich als Religion, und als eine der bewundernswertesten, aber auch als Abstammung dar: Jüdin und Jude wird man als Kind einer jüdischen Mutter. Es mag also jemand zum Beispiel der Thora kein Wort glauben oder die Propheten nicht mehr in Ehren halten oder sie nicht einmal kennen, und doch wird sie oder er Israelitin oder Israelit bleiben und sich auch so nennen, weil sie oder er von einer Frau derselben Herkunft abstammt. So ersetzt die Genealogie die kollektiven Beziehungen, um sie in die Natur, in das Lebende, ja ins Herz des Lebens selbst eintreten zu lassen. Der Preis für diesen Fortschritt ist die Beschränkung des Bundes auf ein auserwähltes Volk.

Das Christentum hält dem Judentum die Treue und folgt ihm, aber es unterscheidet sich von ihm durch eine andere, von der Genealogie freigestellte Art der Beziehung. Wer den Glauben verloren hat, wird nicht länger behaupten, Christ zu sein. Weshalb nicht? Weil die fragliche Beziehung von der Familie und, durch eine außerordentliche Entscheidung, sogar vom Mutterleib abgelöst ist.

Die Heilige Familie

Beschreibung. Wir zählen drei Weisen der Vaterschaft, Mutterschaft oder Abstammung: natürliche, durch Fortpflanzung, rechtliche, durch Anerkennung der Elternschaft bei den Zivilbehörden, und adoptive, durch Wahl. In der Heiligen Familie ist der Vater, Josef, nicht der natürliche Vater, und Jesus ist nicht der natürliche Sohn. Andererseits ist es unmöglich, dass die Mutter nicht die Mutter ist, da wir alle aus einem weiblichen Bauch kommen. Aber das neue Familienschema führt ein entscheidendes Element in diese Dekonstruktion der natürlichen Abstammung ein: die Jungfräulichkeit Marias, die unter diesem Aspekt erst scharfe Konturen gewinnt und ihre Unmöglichkeit für immer verliert.

Andererseits sagt das Evangelium nach Lukas an keiner Stelle, Josef habe den fraglichen Behörden die Geburt des Kindes gemeldet, obwohl doch zu jener Zeit alles zu einer Volkszählung nach Bethlehem strömte. Im Gegenteil: Die Familie flieht, in Angst und Schrecken versetzt durch den Befehl des Königs, alle Erstgeborenen zu töten, nach Ägypten.

Ich bemerke am Rande, dass dieses Massaker an Unschuldigen zu ebenjenen verbrecherischen Praktiken zählt, die sich der Bedeutung verdanken, die man einer durch Blutsbande definierten Familie in der sozialen Ordnung und zur Erlangung politischer Macht einräumt. Solange Letztere sich durch Abstammung vererbt, tut man gut daran, andere Erben schon in der Wiege zu töten, um sich auf lange Sicht vor möglichen Rivalen zu schützen. In der Weihnachtsgeschichte bildet dieses Gemetzel eine Art Hintergrunderzählung, vor der die neuartige Verwandtschaftsstruktur umso deutlicher hervortritt. Die mörderische alte dient der neuen als tragische Kulisse.

Alles in allem ist die Heilige Familie eine tiefgreifende Neuerung in der ganz auf familiäre Abstammung gegründeten Gesellschaft der Zeit, die sie dekonstruiert, indem sie die natürlichen Verwandtschaftsbande durch eine von den Römern übernommene Struktur, die der Adoption, also durch die individuelle und freie, aus Liebe getroffene Wahl ersetzt. Ich wähle dich, weil ich dich liebe. Das Harte macht dem Weichen Platz, die Natur tritt sachte zurück zugunsten dessen, was über die Natur hinausgeht.

So kommt die Frohe Botschaft zunächst als elementare Struktur der Verwandtschaft in die Welt, dann aber als konstitutiver Bestandteil jeder menschlichen Beziehung. Als universale Wesensbeziehung schafft die Liebe die Beziehungen, in denen sich eine neue Welt auftut. Mit der Geburt Christi bricht ein neues Zeitalter an, in dem Verwandtschaft nicht mehr in der Natur gründet, auch nicht in der des Bauchs einer Frau, sondern im Gebot des Evangeliums: Liebet einander.

Ganz gleich, ob ihr natürliche und rechtmäßige Väter und Mütter, Söhne und Töchter seid, der christlichen Familie gehört ihr erst an, wenn ihr euch darüber hinaus individuell, aus Liebe füreinander entschieden. Ihr werdet, aus der Perspektive der Psychologie und der Humanwissenschaften gesprochen, zu Eltern, und eure Kinder werden zu Nachkommen dann und nur dann, wenn jeder von euch den anderen individuell und aus freien Stücken wählt. Ich träume davon, dass jede Mutter nach der Entbindung, nach der Geburt zu ihrem nackt auf ihrem nackten Bauch liegenden Kindlein sagt, wie um auf seinen ersten Schrei zu antworten: Ich erkenne dich, ich habe dich gewählt, du bist das Kind, das ich mir lange schon gewünscht habe, ich adoptiere dich, weil du es bist, die ich liebe, weil du es bist, den ich liebe.

Die Verwandtschaftsbande sind konstitutiv für den Aufbau unseres symbolischen Denkens, sagen die Anthropologen. Betrachten wir noch einmal die Heilige Familie, in der Jesus nicht der Sohn und Josef nicht der Vater ist. Jesus ist nicht aus Josef geboren. Er ist Sohn Gottes, des Vaters, gewiss, aber die Schrift sagt, die Mutter habe ihn vom Heiligen Geist empfangen, und nennt ihn auch den Menschensohn. Das Band zwischen Vater und Sohn lockert sich.

Aber wer bitte versteht, wie man als Mutter Jungfrau bleiben kann? Nichts häufiger als ein Kind mit unbekanntem Vater oder mit einem, der sich aus dem Staub gemacht hat oder während der Schwangerschaft der Mutter gestorben ist. Auf Konvention oder Anerkennung beruhend, kennt oder kannte jedenfalls die Vaterschaft keine »natürliche« Regel. Anders die Mutterschaft, die einem Universalgesetz gleichkommt, das keine Ausnahme duldet. Wir kennen kein Kind ohne Mutter. Und doch markiert die Jungfräulichkeit Marias in dieser Hinsicht einen raren Gesetzesbruch. Wenn Abstammung und Vaterschaft außer Kraft gesetzt sind, dann zumindest teilweise auch, und sehr viel außergewöhnlicher, die Mutterschaft. Das Adjektiv »heilig« in »Heilige Familie« meint also, dass die fleischlichen, biologischen, sozialen, natürlichen oder, wie man sie auch genannt hat, strukturalen Verwandtschaftsbande *gelöst* sind. Auf je eigene Weise ist der Vater nicht der Vater, der Sohn nicht wirklich der Sohn, die Mutter nicht ganz die Mutter: Schwächung, Auflösung der Blutsbande.

Deren Zurücktreten definiert unausgesprochen das Christentum als Dekonstruktion der sogenannten natürlichen Blutsverwandtschaft: »Allen [...] gab er Macht, Kinder Gottes zu werden, allen, die an seinen Namen glauben, die nicht aus dem Blut, nicht aus dem Willen des Fleisches, nicht aus dem Willen des Mannes, sondern aus Gott geboren sind.« (Johannes 1,12-13) Die Frohe Botschaft, das Band der Liebe, macht keinen Unterschied, sondern öffnet sich der ganzen Menschheit.

Aufziehen und erziehen

Diese Revolution verwandelt übrigens die Kultur, weil sie aus der Natur heraustritt, ihr nicht mehr gehorcht. Nicht natürlich? Ja, übernatürlich. Und die Frohe Botschaft, *Bonne Nouvelle*, ist in der Tat so neu, dass sie Jahrhunderte im Voraus eine ganze Reihe müßiger Auseinandersetzungen über die Ehe, die Scheidung, die Familie, die Vaterschaft voraussieht und beilegt, namentlich die jüngst entbrannte über die gleichgeschlechtliche Ehe. Diesen Bund auf Mann und Frau im geschlechtlichen, biologischen, natürlichen Sinne des Worts einzuschränken, ist mit jener Botschaft nicht vereinbar. Er muss, universal, allen offenstehen, die einander aus Liebe wählen und adoptieren. Die Frage ist seit zweitausend Jahren geklärt.

Von Gegnern der gleichgeschlechtlichen Ehe ist häufig das Argument zu hören, nur unter der Obhut eines Mannes und einer Frau, die einen Bund eingegangen sind, könne ein Kind aufwachsen und gedeihen. Haben sie vergessen, dass über Jahrhunderte die Kirche und später der von ihr getrennte, aber ihrem Beispiel folgende Staat Jungen- und Mädchenpensionate betrieben haben, die von Geistlichen oder Lehrern und Ordensschwestern oder Lehrerinnen geleitet wurden? Gleichgeschlechtliche Erziehung! Als dann in unserer Kultur gemischtgeschlechtliche Schulen langsam selbstverständlich wurden, haben die gleichen Konservativen oder ihre Vorgänger, ich erinnere mich noch gut, erbittert gegen eine Vermischung protestiert, die der Zügellosigkeit und dem Sittenverfall Tür und Tor öffne. Sie haben also die gleichgeschlechtliche Erziehung verteidigt!

Harte Wissenschaften und weiche Wissenschaften

Die Gesetze der sogenannten harten Wissenschaften beschreiben physikalische Notwendigkeiten, während die Gesetze der Menschenwelt, so heißt es, auf bloßer Konvention beruhen. Ausgenommen mindestens das eine, ich wiederhole es, dass zweifel- und ausnahmslos jeder Mensch aus dem Bauch einer Frau, dem natürlichen Ursprungsort aller Kulturen, geboren wird. Auf der Grundlage dieses biologischen Gesetzes, das keine Ausnahme kennt, bilden sich dann ihm entsprechende oder gegen es verstoßende Familienstrukturen und mit ihnen die Kultur- und Rechtsnormen der sogenannten natürlichen, durch Blutsbande gestifteten Verwandtschaft.

An die Stelle dieser ehernen physikalischen Notwendigkeit setzt das Christentum, heroisch, die individuelle Freiheit der Wahl und der Liebe. Die durch Adoption sich beweisende Liebe schafft aus freien Stücken Verwandtschaftsstrukturen, die der Mutterschaft nicht ausgenommen. Die zwei Paralleldogmen der jungfräulichen Empfängnis des Worts und, später, der Unbefleckten Empfängnis entdecken im Übernatürlichen den Ursprung der Kultur, also einer Freiheit, die der Notwendigkeit die Stirn bietet. Ich komme darauf zurück.

Das Erbe des Bundes. Der juristische Standpunkt

All dies wirft, ohne sich darin zu erschöpfen, die Frage des Erbes auf. Ohne Adoption kann es nur geborene Erben unter Ausschluss anderer geben. Das Christentum öffnet das Erbe des Bundes, den das fortan so genannte Alte Testament den familiären Abstammungslinien vorbehalten hatte, für die Gesamtheit der menschlichen Gattung, *omnes gentes*. Vom Erzengel Gabriel angekündigt, schließt das Neue Testament jede und jeden in dieses Vermächtnis ein. Es ersetzt also, wahrhaft universal, Exklusion durch Inklusion: Die Schrift des neuen Zeitalters *legt Zeugnis ab* für alle Menschen aller Nationen.

Wie kann dies gelingen? Durch Adoption. Alle Menschen können, wenn sie es wollen, Adoptivkind Gottes werden, und die zahlreichen Beispiele, die ihnen die christliche Theologie gibt, bezeugen alle die Dekonstruktion einer Familienzugehörigkeit, die auf biologischer und körperlicher Abstammung, auf Blutsverwandtschaft, beruht, durch eine auf Neigung beruhende Adoption.

»Was willst du von mir, Frau«, sagt Jesus zu seiner Mutter bei der Hochzeit zu Kana (Johannes 2,4). Und in Matthäus 10,37 fügt er hinzu: »Wer Vater oder Mutter mehr liebt als mich, ist meiner nicht wert, und wer Sohn oder Tochter mehr liebt als mich, ist meiner nicht wert.« Hat Jesus je deutlichere Worte gefunden?

Eines der Evangelien (Matthäus 1,1-16) beginnt mit einer aufzählenden Darstellung der Wurzel Jesse, also des Stammbaums Christi, während das Vermächtnis des am Kreuz sterbenden Jesus nicht das Leben durch das Blut, sondern ebenjene Wahl ist. Schon vor der Folter und dem Tod am Kreuz hatte das versammelte Volk ihn von jenem Barabbas unterschieden, dessen Name so viel wie »Sohn des Vaters« bedeutet. Und seine letzten Worte richten sich tatsächlich an Maria, seine Mutter: »Frau, siehe, dein Sohn!«, und an Johannes, seinen Lieblingsjünger: »Siehe, deine Mutter! Und von jener Stunde an nahm sie der Jünger zu sich.« (Johannes 19,26-27) Im Augenblick seines Dahinscheidens wiederholt er das Neue Testament und vererbt dem geliebten Jünger das durch Adoption geknüpfte Band.

Die elementare Struktur der christlichen Verwandtschaft

Für das Christentum wird die aus freien Stücken gewählte Liebe das eine und einzige Beziehungsatom, die einzig wahre Verbindung. Daher die Auflösung von Verwandtschafts- und Stammesbeziehungen und der universale und rationale Charakter des neuen Beziehungsmodells, der sich gerade in der Öffnung für das scheinbar Fremde ausspricht.

Die gewöhnlichen elementaren Strukturen der Verwandtschaft stecken lokale Kulturen ab; ihre Dekonstruktion durch die Möglichkeit der Wahl und einer gegen die schicksalhafte Notwendigkeit der Blutsbande aufgebotenen Freiheit öffnet zum ersten Mal die Menschheit einem Universalen. Jene Fremdheit wird zur *rationalen Bedingung dieser Universalität*.

Die einzigartige Adoptionsstruktur der Verwandtschaft befreit sie von der *natürlichen* Notwendigkeit. Aber sie unterliegt darum keineswegs *kulturellen* Einschränkungen, denn die freie Wahlverwandtschaft ist weder von einer bestimmten Sprache noch von Konventionen und Gesetzen dieser oder jener Gesellschaft abhängig. Tatsächlich spricht nichts gegen die Wahl von Vätern, Schwestern oder Brüdern aus anderen, ferneren Abstammungslinien. Wie könnte man übersehen, dass diese radikale Dekonstruktion mit jedem Rassismus bricht?

Du wirst empfangen vom Heiligen Geist, verkündet Maria der Engel des Herrn. Das heißt, dass diese Zeugung, engelsgleich, weder natürlich noch kulturell, sondern *spirituell* ist, *geistlich*. Was bedeutet dieser Begriff? Die Summe der Negation der beiden anderen: Addition des Übernatürlichen und, so ungebräuchlich das Wort auch ist, des Überkulturellen. *Weder natürlich noch kulturell.* So sieht die christliche Neuordnung des Symbolischen aus. Die Universalität des Geistes entspringt dieser Summe zweier Negationen. *Übernatürlich, das heißt universal.*

Neuer Marienkult

Was immer Sie über Heirat und Adoption sagen, so sagt man mir – dass Josef männlichen, Maria weiblichen Geschlechts ist, das werden Sie kaum aus der Welt schaffen können!

Antwort. Die Bischofskonferenz, wahrlich ein aus Männern und nur aus Männern bestehender Unisexverein, der nicht auf der »natürlichen« Familie gründet, da die Teilnehmer allesamt Zölibatäre sind, keine Kinder haben und sich gern mit »mein Vater«, »mein Sohn« oder »mein Bruder« ansprechen, diese Konferenz also findet in Frankreich meist in Lourdes statt, an jenem Ort, an dem vor mehr als einem Jahrhundert Maria selbst erschien und sprach: »Ich bin die Unbefleckte Empfängnis.«

In Recht und Politik ungerecht, in Unternehmen und Betrieben widerwärtig, im Familien- und Privatleben oft gewalttätig, kulturell stets lächerlich und dumm, ist die Macht, die Männer über Frauen ausüben, selbst im Himmel spürbar. Völlig ungeniert und bar jeder Vernunft maßen sich Götter oder männliche Helden die Gebärfähigkeit der Mütter an und gebären weibliche Gottheiten. Jupiter zum Beispiel bringt Athene durch Schenkelgeburt zur Welt, Eva wird aus einer Rippe Adams geboren. Umgekehrt kannte die Geschichte der Religionen, so viel kann ich sagen, bis vor nicht allzu langer Zeit keine ausschließlich weibliche Genealogie.

Die weibliche Triade

Was war in Lourdes geschehen? Die Jungfrau war erschienen und hatte im Dialekt der Gegend, dem Bigourdan, der vor ihr knienden jungen Bernadette Soubirous verkündet: »Ich bin die Unbefleckte Empfängnis.« Dieser Satz meint, dass sie, Maria, von ihrer Mutter, Anna, ohne Erbsünde empfangen wurde; und das apokryphe Protoevangelium des Jakobus sagt darüber hinaus, dass Anna und Joachim sich lange vergeblich nach einem Kind gesehnt hatten. Dieses wundersame Ereignis hat streng genommen nichts mit dem zu tun, in dem Maria selbst Jesus empfing und mit ihm niederkam, ohne ihre Jungfräulichkeit zu verlieren, ohne Werk des Fleisches, ohne Josef. Die katholische Theologie unterscheidet tatsächlich streng zwischen der überlieferten Vorstellung der *Jungfräulichen Empfängnis des Wortes*, die seit den Anfängen des Christentums gefeiert wird, und dem neuen, erst 1854 von Papst Pius IX. nicht ohne Widerstände verkündeten Dogma der *Unbefleckten Empfängnis*. Maria spricht also zu Bernadette nicht von ihrem Sohn, sondern von sich und Anna, ihrer Mutter.

So kam es, dass 1858, wenige Jahre nach der Verkündung jenes Dogmas, von dem Bernadette nichts wusste, eine neue, strahlende Prozession von Frauen, und nur von Frauen, wiederholt die Grotte von Massabielle erleuchtete: Anna, abwesend und beschworen, ihre Tochter Maria, *erschienen* und sprechend, Bernadette schließlich, *anwesend* und schweigend. Diese Triade bildet die Kette einer reinen Abstammung. Ihr erstes, makelloses Glied verbindet Anna und Maria, ihr zweites, geistliches Glied die Jungfrau und Bernadette.

Das Mysterium der Dreifaltigkeit

Die neuartige Prozession schafft den exakten Ausgleich nicht nur zum Männlichkeitswahn jener falschen antiken Mythen, sondern auch zum christlichen Mysterium der göttlichen Zeugung. Erstmals steht eine weibliche Dreifaltigkeit der kanonischen gegenüber, in der ohne jede Mitwirkung einer Frau, ohne die Fruchtbarkeit irgendeiner Gebärmutter, eine Filiation unter Männern stattfindet, ja, nur unter Männern, zwischen Gott dem Vater und Gott dem Sohn. Beteiligt ist nur der Heilige Geist, über dessen Geschlecht nichts bekannt ist. *Genitorie genitoque*, Zeuger und Gezeugter, heißt es in der eucharistischen Motette *Tantum ergo*.

Hier dagegen keine Männer. Weniger Joachim, später kein Josef, die Reinheit der Jungfrau, die geistliche Mütterlichkeit – diese Abwesenheit der Männer schafft einen Ausgleich, sie korrigiert und kompensiert die unwahrscheinliche Abwesenheit der Frauen dort. So unglaublich sie sein mögen, der Unbefleckten Empfängnis und mütterlichen Jungfräulichkeit wächst eine grandiose Kraft zu, die eines Gegengewichts zur nicht minder unglaublichen männlichen Dreifaltigkeit. Gelungene geistliche Gleichstellung.

Wunderbare und unverhoffte ausgleichende Gerechtigkeit! Als unverbesserliche Machos haben wir uns allerdings von einer solchen Symmetrie so wenig erwartet, dass sie lange Zeit unlesbar blieb, so unsichtbar wie die Erscheinung. Ganz gleich, ob wir sie als Epiphanie betrachtet, ob wir an sie geglaubt haben oder nicht – haben wir nicht doch gezögert, ihre menschliche und, ich wage es kaum zu sagen, biologische und geistliche Bedeutung zu entziffern? Unser Männlichkeitswahn hat eine sehr erhellende Lektüre vereitelt.

Mögen die Nörgler über zweifelhafte Wunder und den Aberglauben spotten, der mit dem Mitleid mit den Kranken um die Grotte herum gedeiht. Das Volk hat mehr Gespür als die Gelehrten bewiesen und diesen Erscheinungen zum bleibenden Welterfolg verholfen. Der Grund liegt auf der Hand: Durch eine ausgleichende Dosis Weiblichkeit markiert diese seit Urzeiten überfällige Austarierung des symbolischen Verwandtschaftssystems den Beginn einer weniger gewalttätigen und abscheulichen, einer friedfertigeren Kultur. Einer weiblicheren, um es mit einem Wort zu sagen, die auch heute, in unseren Unternehmen und Versammlungen, nur selten Wirklichkeit wird.

Seit zweitausend Jahren im Text des Evangeliums wunderbarerweise vorbereitet, seit tausend von der Kirche, ihrer Überlieferung und Theologie gelehrt, vor mehr als einem Jahrhundert bekräftigt von der Jungfrau und heute wiederaufgegriffen, setzt diese Entscheidung von tiefer Frömmigkeit das Christentum der Anthropologie, damit aber der Grundlage archaischer Gesellschaften entgegen. Verlasst die Anthropologie für die Religion, und die Anthropologie wird euch hundertfach zurückgegeben.

Wir können daran nichts ändern. Das Christentum hat die moderne Gesellschaft hervorgebracht und diese Modernität lässt, häufig ohne es zu wissen, die Gegebenheiten eines Christentums fortleben, in dem die Liebe die Herkunft ersetzte.

Durch jene Jungfräulichkeiten, biologisch unwahr und doch wahrhaftig unwahr? Man kann sie denken, aber wie daran glauben?

Ich kenne diesen harten Widerspruch, ich denke und ich lebe ihn. Ich bin dieser Widerspruch. Ich werde Garonne so wenig verlassen können wie meine Religion, aber ich weiß, dass ich nie zu denen zurückkehren werde, die ich zurückgelassen habe. Ich glaube an

Gott; ich glaube nicht an ihn; ich glaube, Kopf, ich glaube nicht, Zahl; Kopf und Zahl sind zwei Seiten derselben Münze, und diese Münze, das bin ich. *Credo, non credo*, Vorder- und Rückseite des gleichen Blatts, und dieses Blatt, das bin ich. Münze, die, wenn man sie wirft, fliegt, sich dreht und fällt; dünne Buchseite oder Platanenblatt, das, lebendig, im Wind flattert und, tot, losgelöst, lange schwebt und sich häufig dreht, bevor der Wind es auf dem Boden ablegt.

Nein, weder Münze noch Blatt fallen zufällig, denn wie der Zweifel zum Glauben hinführen kann, so kann der Glaube nicht ohne den Zweifel überleben. Sie bedingen einander, ganz wie Einatmen und Ausatmen erst gemeinsam die Atmung ausmachen.

Ist es nicht einfacher, zu lieben, als zu glauben? Aber was heißt lieben, wie kann man lieben?

Was heißt lieben?

Auferstehen: Wahr oder falsch?

Noch ein wahrhaftig unwahres Dogma: Das Bekenntnis zur Auferstehung führt in der Tat das Christentum ad absurdum. Wie konnten von Paulus bis in unsere Tage Milliarden von Menschen, ohne zu murren, einen jeder Vernunft und Erfahrung spottenden Widerspruch hinnehmen? Denn niemand ist je zurückgekehrt, kehrt je zurück, wird je zurückkehren von den Toten. Und dennoch: Ist Christus nicht auferstanden, sagt der Apostel, so ist auch unser Glaube vergeblich.

Credo quia absurdum?

Ich halte am Rande zwei Bedeutungen des Wortes falsch oder unwahr fest: erstens falsch wie der Satz »zwei und zwei macht fünf«, zweitens falsch wie ein falscher Vermeer. Ich nenne den ersten »wahrhaftig unwahr«, weil er seine Absurdität keinen Augenblick verhehlt, den zweiten dagegen »unwahrhaftig wahr«, weil er sich als echter Vermeer ausgibt. Die meisten Dogmen des Christentums, von der Jungfräulichkeit Marias über die Auferstehung Christi bis zur Realpräsenz des Leibs im Brot und zu einigen anderen, lügen keineswegs, da sie sich als absurd, als unmöglich, kurzum: als unwahr zu erkennen geben. Niemand hat je ein ohne Spermium geborenes Kind zu Gesicht bekommen, so wenig wie einen ins Leben zurückgekehrten Toten. Ich nenne sie also »wahrhaftig unwahr«. Wenn sie in aller Offenheit ausgesprochen werden, dann gibt es dafür Gründe. Und darum hören wir nicht auf, sie *wiederzulesen*, um ihre verborgene »Wahrheit«, so es sie gibt, zu ergründen.

Im Umkreis des plötzlich leeren Felsengrabs, in dem seit drei Tagen der Leichnam des zu Tode Gefolterten gelegen hatte, wollen sie einen jungen Mann in weißem Gewand oder zwei Gestalten in leuchtenden Gewändern gesehen haben, jene ersten Zeugen der undurchsichtigen Angelegenheit, bei denen es sich um Frauen handelt, vielleicht auch nur um eine einzige, um Maria Magdalena. Andere beschreiben zwei Engel; und bei Johannes (20,13) heißt es, Maria habe sich umgedreht und Jesus gesehen, aber nicht gewusst, dass es Jesus war, sondern ihn für den Gärtner gehalten.

Kurz darauf begegnen zwei Männer aus Emmaus am Weg einem Fremden, den sie einladen, mit ihnen zu Abend zu essen, und der sie in dem Augenblick verlässt, da sie ihn zu erkennen glauben. Hätte nicht mindestens einer der beiden, der Jesus schon einmal gehört und gesehen hatte, ihn auf der Straße sofort erkennen müssen? Und wie kommt es, dass an anderer Stelle selbst einer der Apostel, Thomas, den sie Didymos nannten, noch zweifelt und darum bittet, Jesu Narben mit der Hand berühren zu dürfen, um ihn zu erkennen?

Kurzum: *Niemand erkennt ihn*. Die kanonischen Texte beharren klar und deutlich auf dieser Blindheit. Sie alle berichten mehrfach von Menschen, denen der lebende Tote unter verschiedenen Gesichtern, die ihn verbargen, begegnet sei. Noch einmal: Wo ist er? Die Auskunft, die diese übereinstimmenden Zeugnisse geben, ist einhellig: Er ist überall, auch hier, er ist, wo immer er zurückkehrt, abermals inkarniert in den Zügen jedes Beliebigen: Landstreicher, Bauer, Unbekannter, Nachbar. Jesus erscheint in den alltäglichen, selbst für seine Vertrauten unerwarteten Zügen eines jeden: Gärtner, Reisender, Eindringling.

Schlussfolgerung: Frau oder Mann, reich oder arm, schwarz oder weiß, gläubig oder ungläubig, alt oder jung, wir alle sind virtuell Christus, wir haben teil an der Inkarnation, denn er hört nicht auf, in jedem von uns aufzuerstehen. Aber die große, ungeheure Schwierigkeit, das fast unüberwindliche Hindernis, das zweifellos den scheinbaren Widerspruch zeitigt, besteht in unserer Unfähigkeit, ihn zu erkennen, in der Schwester, dem Fremden, dem Notleidenden auf dem Bürgersteig, dem Kranken in seinem Bett, der fuchtelnden Verrückten, dem lahmen Greis, dem jungen Mädchen mit seinem erhabenen Körper, dem Stabhochspringer, dem blutrünstigen Potentaten – und, schlimmer noch, in uns selbst. Er ist da, und keiner sieht ihn. Wer ihn sähe, wäre gerettet, wer wüsste, dass er sich in ihm selbst verbirgt, fände Glück und Heiligkeit. Er ist in mir, ich sehe ihn nicht. Und ich werde dich nicht kennen, *ich werde dich nicht lieben*, solange ich nicht Christus in dir erkannt habe, indem ich deine Wundmale berühre. Lieben heißt, im andern das Göttliche zu erkennen. Das Paradies, das sind die anderen, aber wir hören nicht auf, es zu verlieren.

So lässt uns die Auferstehung erst das Ereignis der Frohen Botschaft verstehen. Sie lässt uns verstehen, was die Liebe wirklich ist, wie sie entsteht und wie sie zur universalen Verbindung wird. Besser gesagt: Die Liebe ist stärker als der Tod, als der wahrlich universale Tod.

Auch in der Eucharistie verbirgt sich der göttliche Leib in der Hostie und verbirgt sich das Blut im Kelch. Sie sind da, aber wie lassen sie sich erkennen? Auferstehung und Realpräsenz – ein und dieselbe verborgene Wahrheit, ein und dasselbe Geheimnis der Liebe.

Die Geschichte der Wissenschaften bezeugt diese Blindheit nur zu deutlich. So gelehrt sie sein mögen, Wissensgemeinschaften erkennen fast nie auf Anhieb die Erfinder auf ihrem Gebiet, die Überbringer einer neuen Wahrheit, die zweifellos ihrerseits eine frohe Botschaft ist, aber so neu, dass sie unlesbar bleibt. Meist sterben die Erneuerer unerkannt, und die Ideen der Ausgeschlossenen, die sie sind, werden nicht verstanden und werden verhöhnt. Generationen später, wenn neue Beweise auftauchen, mögen die einen oder anderen unter ihren Nachfolgern die Opfer von einst rehabilitieren und die Auferstandenen, ja, zu heroischen Gründerfiguren erklären, zu Göttern jener Legende, die wir Geschichte nennen. Oder die Nachfolger schmücken sich selbst mit den Pfauenfedern, deren Pracht den Erneuerer ausstellt und zugleich verbirgt.

Nichts schwieriger also, als unter dem Banalen, Geläufigen die neue Wahrheit zu entziffern, die Frohe Botschaft zu erkennen.

Auch die biblischen Könige folterten ihre Propheten, manchmal bis zum Tode. Tatsächlich halten wir den, der als Neuerer oder Visionär auftritt, oft nicht zu Unrecht für einen Scharlatan. Wenn dann ein echtes Genie daherkommt, wird es von keinem erkannt. In dieser Verkennung, die voller Widersprüche steckt, tut sich der Abgrund einer unabschließbaren Reflexion auf. In Dostojewskis *Der Großinquisitor* wird diese Black Box wieder geöffnet: Der scharfsinnige Theologe wirft dem zurückgekehrten Christus mit gutem Grund vor, er störe die soziale und kirchliche Ordnung, und schickt den Auferstandenen zurück.

Wir erkennen Christus selten, wenn er uns, fremd, in den Zügen des Nächsten oder gar Unbekannten begegnet. »Denn ich war hungrig und ihr habt mir nichts zu essen gegeben; ich war durstig und ihr habt mir nichts zu trinken gegeben; ich war im Gefängnis und ihr habt mich nicht besucht.« Ich war da, anwesend, auferstanden, aber ihr habt mich nicht bloß nicht erkannt, ich war euch lästig.

Wir haben auf den Messias gewartet, den König der Herrlichkeit. Wer würde ihn in diesem Neugeborenen erkennen, das da in einem Stall zwischen Ochse und Esel im Stroh liegt?

Christus ist überall und in allen lebendig. Aber in uns allen, die Heiligsten eingeschlossen, sind so viele Trübungen, dass niemand ihn erkennt. Vielleicht, ich wiederhole es, war Jesus in der ganzen Geschichte der einzige Sterbliche, der so rein und durchsichtig war, dass manche in seiner Nähe in ihm, dem Lebendigen, den Messias, den Sohn Gottes erkennen konnten.

Inkarnation und Dreifaltigkeit machen den Katholizismus zu einem Mono-Polytheismus, *also einer Synthese zwischen der gewöhnlichen Religion des Sozialen und der ungewöhnlichen der Propheten*, zwischen Anthropologie und Mystizismus. Das unterscheidet ihn von Judentum und Islam, die beide einem strengen Monotheismus verpflichtet sind. Der Protestantismus schwankt zwischen beiden Positionen, deren eine logischer, deren andere aber der Anthropologie so nahe ist, dass sie die Möglichkeit eines Paganismus offenlässt und sich weniger von der Realität der Menschen, zumal jener Köhler und Landfrauen entfernt. Der Katholizismus verbindet durch Mitgefühl und Menschlichkeit den Polytheismus jeder Gesellschaft mit dem prophetischen Monotheismus, das Politische und das Mystische oder das Unechte und das Echte.

Kurzum: Die Gemeinschaft der Heiligen verbindet die Mitglieder des Kollektivs in Zeremonien, die gewiss Idole und Götzen hervorbringen, aber auch als Filter gegen das Unechte fungieren. Die Heilige Familie befreit sich von jeder Genealogie, um die Frohe Botschaft zu verkünden, die Liebe als universale Verbindung. Durch Inkarnation und Auferstehung zeigt sie, wie das Erkennen des Göttlichen im anderen und in uns selbst die Liebe in uns allen wecken kann. Darum ist, wie Paulus sagt, ohne Auferstehung unser Glaube vergeblich, weil erst sie in aller Klarheit die Dynamik der Liebe offenbart.

Das innere Licht

Dieses Ereignis der Auferstehung, das mir nun weniger dunkel und widersprüchlich erscheint, ist mir in meinem Leben und meiner philosophischen Arbeit unzählige Male begegnet. Ich nenne es das Unbestimmte, das Virtuelle, das Potenzielle oder das Weiße: Summe aller Farben und Verbergung aller Farben zugleich. Sein Licht verbreitet sich in der Welt, im Größten wie im Kleinsten, unter den Dingen, selbst den unscheinbarsten, unter den Lebewesen, selbst den geringgeschätzten, unter den Menschen, selbst erbärmlichen, sein Licht erhellt alles, aber sein Farbenreichtum verbirgt sich unter seiner Transparenz.

Jedes einzelne Individuum ist durch eine unendlich offene Reihe von Eigenschaften oder, wie die Philosophen sagen, Akzidenzien definiert. Aber in ihm liegen Möglichkeiten, die nicht Teil dieser Reihe sind.

Es ist Inbegriff dieser Reihe, ja, aber es kann werden, was jenes virtuelle Potenzial verspricht. So wohlbestimmt es ist, es trägt diesen unbestimmten Möglichkeitskern in sich. Du bist Catherine oder Michel, aber in dir ist ein unbeschriebenes Blatt, auf dem das Wort, Christus, geschrieben steht. Christus kann stets in dir wiedergeboren werden, aber er bleibt unter jener Fülle von Akzidenzien verborgen.

Der Mensch ist nicht, er kann. Durch dieses unbestimmte Potenzial, diesen Virtualitätskern ist er der auferstandene Christus. Unablässig will dieses Virtuelle in uns Christus auferstehen lassen. Aber wenige erkennen es in sich oder in anderen. Dieses Virtuelle ist Christus; Christus ist dieses Virtuelle, in allen auf unbestimmte Weise anwesend. *Erstanden*. Potenziell, virtuell, ein Wort, das buchstäblich verstanden, unsere Tugend, *virtus*, das heißt unser Wesen, nennt. Jetzt und hier. *Erstanden*.

Liebe. Ich liebe dich, wenn ich Christus in dir erkenne, der jäh erscheint, wie ein Blitz, auferstanden von den Toten aus dem Dunkel deines Körpers, den er in seiner Herrlichkeit erstrahlen lässt. Sobald er in dir erscheint, bist du gebenedeit unter den Frauen.

Ankündigung und Geburt. So rein, so durchscheinend, so begnadet war Maria, dass Gott selbst, Gott der Vater mit ihr war: *Dominus tecum*. Als ihr der Erzengel Gabriel erschien, sagte der zu Maria, dass Gott mit ihr sei – so sehr mit ihr, in ihr, für sie, dass sein Sohn sich ihrem Fleisch inkarnierte, als zeuge der Vater in ihr den Sohn durch das Wirken des Heiligen Geistes. Wir alle begegnen Frauen, die so heilig sind, dass sie, gebenedeit unter den Frauen, nicht aufhören, vom Herrn schwanger zu sein. Wie die Frucht aus dem Schoß Marias, so erlösen auch sie die Menschen. Maria Magdalena war rein genug, um den Wiederauferstandenen zu erkennen.

Inkarnation. Jesus war zweifellos der reinste Mensch der Geschichte, so durchscheinend vor Liebe auch er, dass die Kleinsten den Christus erkannten, besser als Weise und Gelehrte, die ihn häufig verkannten.

Gott, sagt die Genesis, schuf den Menschen nach seinem Bilde. Jeder trägt in sich den Widerschein des Göttlichen, strahlt es aus, lässt es durchscheinen oder verbirgt es, lässt es aufleuchten oder nicht. Aber diesem Virtuellen, darum ist es verkennbar, fehlt es an Fleisch. Das Evangelium ergänzt daher die Bibel, indem es jenem Bild die Realpräsenz hinzufügt. Durch die Auferstehung lebt Christus in uns. Wir verbergen ihn, lassen ihn durchscheinen, lassen ihn erscheinen. Wir erkennen ihn im anderen, sehen ihn oder sehen ihn nicht, leibhaftig in seinem Verhalten, in seinen Augen, Gesten, Worten und Handlungen. Nicht bloß das Abbild, sondern das Urbild selbst. Das Evangelium inkarniert die Genesis, es besingt ihre Entfaltung.

Leben. Ich werde nicht existieren bis zu der Stunde, in der Christus in mir wiedergeboren wird. *Dominus mecum.*

Lebensmittel. Erst wenn ich Christus im Brot und im Wein erkenne, werde ich mich wahrhaft ernähren. Das Geheimnis der Auferstehung liegt schon in der Eucharistie beschlossen. Wenn du dein Brot isst, werde ich in dir sein, in den alltäglichsten Verrichtungen werde ich in dir auferstehen. Wenn ihr Wein trinkt, werde ich wiedererscheinen, ich werde durch euch hindurchfließen wie das Blut durch den Körper. Welcher Wein fließt im Blut meiner Geliebten, wie viel Brot ist im Fleisch eines Gefolterten?

Tod und Auferstehung. Ich habe keine Angst mehr vor dem Tod, wenn der Auferstandene in mir wohnt.

Bilanz. Ein Toter ist auferstanden. Diese offenbare, aber wahrhaftige Unwahrheit lässt das Wunder der Liebe aufscheinen.

Auf unbeschriebenem Blatt erklärte Liebe

In dem genialsten Liebesbrief, der je von männlicher Hand geschrieben wurde, schreibt Diderot an Sophie: »Ich habe auf Euch gewartet, Ihr seid nicht gekommen, ich muss gehen, es wird Nacht, die Dunkelheit bricht herein. Ich sehe nicht, was ich schreibe, ich weiß nicht einmal, ob ich schreibe; lest also überall, wo Ihr nichts geschrieben seht, dass ich Euch liebe.« Seit ich diese erhabenen Zeilen gelesen habe, wage ich kaum noch zu schreiben. Ich träume davon, den Platz des Liebenden, des Schriftstellers einer gewinnenden Sprache, lieber noch den der Geliebten einzunehmen: Überall, wo ich nichts geschrieben sehe, hoffe ich zu lesen, dass jemand mich liebt.

Freie Wahl ist besser als die Notwendigkeiten des Lebens, das definiert die Liebe. Jetzt stellt sich die Frage:

Wen lieben?

Ruhm oder Frieden?

Der Klebstoff des Ruhms und der Ehre schweißt das Kollektiv zusammen, er verbindet, verhärtet unsere Beziehungen. Ehre sei Lady Di oder Johnny Hallyday, Ruhm unseren Stars und Pappaufstellern. Geld, Sex, Macht, ein paar Avatare der Triebkräfte, die uns diesem obersten Ziel hinterherlaufen lassen. Jeder will gewinnen, sich an die Spitze setzen, Macht gewinnen, alle im Netzwerk streben nach Ruhm auf Kosten aller anderen, die zu Rivalen geworden sind. Das Beziehungsgeflecht steht in Flammen wie ein Schlachtfeld. Der Krieg aller gegen alle ergreift Besitz von der Gesamtheit der Verhältnisse. Alle wetteifern darin, die Spitze des Kegels oder der Pyramide zu erreichen. Die wiedererstandene Hierarchie und die Droge des Ruhms stürzen die Welt ins Unglück. Keine Liebe mehr, also auch keine Freude.

Der vergiftete Ruhm schürt Groll und Ressentiments, er führt zu Kriegen, zum Tod ungezählter Menschen. Tausende durch Cäsar und Ludwig XIV., mehrere Zehn- und Hunderttausende durch Napoleon und Pol Pot, Millionen durch Hitler, Stalin oder Mao. Der geschichtliche Ruhm dieser Mörder setzt das Vergessen der namenlosen Leichen voraus, derer man nur gedenkt, wenn man die Geschichte gegen den Strich liest, das heißt sie vom Kopf auf die Füße stellt, indem man den Standpunkt der Opfer einnimmt.

Wir leben nicht in Frieden, solange jeder Ruhm und Berühmtheit an sich reißen will. Sobald ich aber den einen lobe und preise, ohne den anderen zu loben und zu preisen, kehrt die Rivalität zurück. Selbst die Götter, und an diesem allzu menschlichen Verhalten erkennt man die falschen, liegen als Rivalen miteinander im Krieg. Wessen Loblied also singen?

Ehre sei Gott in der Höhe und Friede auf Erden den Menschen seines Wohlgefallens.

Als sie durch den Mittler, der in jener Nacht in einem Stall in Bethlehem das Licht der Welt erblickt hatte, mit einem Mal ersetzt und damit als Überbringer von Botschaften und Nachrichten überflüssig wurden, verließen die Engel, jene Medien oder Mediatoren, die Bühne der Welt und stimmten einen so gewaltigen Lobgesang auf Gott an, dass die Intensität der von ihnen erzeugten Klangwelle sie in jene ungeheure Höhe emportrug, die das Höchste und Allerhöchste der Himmel von der Erde hienieden trennt und auf einer vertikalen Achse die unendliche Distanz zwischen Immanentem und Transzendentem bemisst.

Nehmen wir jetzt an, dass Ruhm, Ehre und Herrlichkeit *hoch droben, in so hoher Höhe thronen, dass im Vergleich zu diesem Gipfel nichts anderes mehr unerreichbar ist*, dass sie also nicht bloß in prächtigen Zeremonien erworben werden, sondern so hoch hängen, dass niemand von uns jemals dorthin gelangen kann. Denn der Gipfel unserer Ruhmespyramide, ob Reichtum oder Krone, ist so lächerlich niedrig, dass er stets erreichbar, weil in endlicher Entfernung bleibt. Könnte dagegen niemand von der berauschenden Droge jemals kosten, müssten wir nicht länger, jeder gegen jeden, um sie kämpfen. Solange der Gipfel des Kegels oder der Pyramide, meist noch sichtbar, in endlicher Entfernung vom Sockel liegt, werden viele, wenn nicht alle, glauben und hoffen, es bis nach oben zu schaffen. Sobald er dagegen für alle außer Reichweite liegt, sind wir gerettet: kein Neid, keine Eifersucht, keine Rivalität mehr, keine Spur mehr von dem Hass, der uns trieb, einander den Garaus zu machen, bis keiner mehr übrig ist. Kein Krieg mehr. Friede. Liebe. Einmal leer, verschwindet der Kegel; ein neues Netzwerk entsteht, eine andere Universalität unserer Beziehungen, die *communio sanctorum*, die Gemeinschaft der Heiligen.

Um den totalen Krieg und, an seinem Horizont, die mögliche Auslöschung der Gattung zu vermeiden, dürften Ruhm und Ehre nur noch demjenigen zuteilwerden, *mit Dem verglichen kein anderer mehr hoch oder hochgestellt ist*. Dieser Titel, der des Allerhöchsten, *Très-Haut*, bringt die Leiter des Vergleichs in die unerklimmbare Senkrechte, indem er ihre Sprossen wegschlägt. Er meint Den, der den Gipfel einnimmt, im Unendlichen, bis in alle Ewigkeit. *Loben und preisen wir also den Allerhöchsten, der allen Neid, alle Eifersucht, alle Liebe, allen Hass auf sich zieht und damit alle unsere Rivalitäten auslöscht*. Loben wir *Den, demgegenüber jeder Vergleich fruchtlos ist und sich darum erübrigt*.

Loben wir nie in der Immanenz diesen oder jenen König aller Könige, diese oder jene Macht oder Majestät. Oder einen siegreichen General, der um den Preis, dass morgen die Besiegten Rache nehmen, Tausende von Toten auf dem Schlachtfeld hinterlässt. Oder irgendeine bunte Puppe auf dem Bildschirm der Medien, die es auf einer Vergleichsskala nach oben geschafft hat, auf die Gefahr hin, morgen schon wieder abzustürzen. Loben wir vielmehr *Ihn, in dem jeder Maßstab der Rivalität erlischt*. Nur Dein sei die Kraft und die Herrlichkeit. Wie in einem schwarzen Loch verschwinden in Dir all unsere Begehrlichkeiten; wie aus einer weißen Quelle entspringt Dir all unsere Liebe. Sobald das tödliche Gift des Ruhms in unendlich unerreichbare Höhen entschwunden ist, werden wir in Frieden leben.

Loben wir also zwei Personen. Zunächst den Abwesenden, der nicht von dieser Welt ist, unabhängig von jeder Leiter, an der unendlichen Grenze ihrer entfernten Sprossen. Weder Fürst noch Machthaber, so hoch oben, dass Er sich aus dieser Welt zurückzieht. Loben wir auch ihn, der vom Abwesenden abstammt, den in dieser Welt anwesenden inkarnierten Messias. Ihn, der in keiner Herberge Obdach fand, sondern, am untersten Ende der Leiter, im Stroh eines Stalls zwischen Ochse und Esel zur Welt kam. Nach Ägypten geflohen, um der Ermordung zu entgehen, wird er in keiner Volkszählung erfasst. Zu weit unten, taucht er in den Annalen nicht auf, von keiner Geschichtsschreibung erwähnt. Ungezählt und keiner Klasse zugehörig, wandert er drei Jahre ohne festen Wohnsitz durchs Land, umgeben von anderen Wanderern, Fischern, Ehebrecherinnen, Huren …, um zwischen zwei Dieben zu enden, wie sie zu einer abscheulichen Folter verurteilt. Ja, loben wir ihn, außerhalb jedes Vergleichs, außerhalb jeder Rangordnung, am untersten Ende der Hierarchie. *Niemand wird ihm dieses verfehlte Leben neiden, niemand es ihm streitig machen.*

Seine Welt zählt nicht zu unseren Reichen. Der Vater herrscht ganz oben, der Sohn liegt ganz unten. Loben wir also den Allerhöchsten und den Allerniedrigsten, loben wir jenen Abwesenden und diesen Anwesenden, die derselbe sind, die uns beide einladen, dass wir, von dem einen zu weit entfernt und dem andern sehr nah, in einem von diesen beiden Abständen befriedeten Netzwerk bleiben. Unendlich hoch droben, unendlich tief drunten: Das Lob verbindet diese beiden Unendlichkeiten.

Lob und Preis

Weit entfernt, uns der Kritik, dem Verdacht und der Empörung hinzugeben, die uns verkümmern lassen, lernen wir lieber, dass nichts dem Überleben nützlicher ist, als unser Leben wie Nonnen und Mönche, wie Johann Sebastian Bach diesem Lob zu widmen. *Magnificat anima mea.* Durch die Freude des Lobens und Preisens wird die Seele weit, es macht sie erfinderisch wie das Universum oder das Leben. Unsere Freude nimmt dann die Gesamtheit der Beziehungen ein. *Gloria in excelsis Deo*: Aus unseren irdischen Mündern steige unsere Musik empor in diese unerreichbare Höhe. Endlich Friede hienieden. *Pax hominibus.*

So priesen die Engel, deren Gesang eine neue Zeit heraufbeschwor, *eine andere Art der Beziehung*, die Frohe Botschaft der Liebe. »Seht, wie sie sich lieben«, sagte man von den ersten versammelten Christen. Mit einem Kuss oder einem Händedruck gaben sie einander den Frieden Christi.

Wie lieben?

Präpositionen

Welchen Weg nehmen, um diese Liebe zu erfahren? Wie lieben, auf welche Weise? Indem wir alle Richtungen einschlagen, die uns von Wegweisern gewiesen werden, auf denen zu lesen steht: zu, bei, in, von, über, für, zwischen, nach, gegen, mit, unter, vor, danach, während, lang ... Ich liebe durch dich, für dich, auf dich zu, mit dir – jede Präposition weist einen oder mehrere Wege und folgt den Strömen, die sie durchqueren. Gemeinsam vereinen die Präpositionen im Raum das Hier und das Dort, in der Zeit Vergangenheit, Zukunft oder Gegenwart, und in der Erkenntnis Zusammensetzung, Entgegensetzung, Klassifizierung, Entwicklung. Das Netz, das sie mit den Konjugationen und Deklinationen, ihren Verbündeten, bilden, verleiht der Sprache Geschmeidigkeit, Beweglichkeit, erlaubt ihre Anpassung an die Wirklichkeit. Sie lockern, verflüssigen, modulieren die Schemata der Sprache, frischen sie auf oder entflammen sie. Die Neurologen sagen, dass sich in einer großen Menschenansammlung die Gehirne verbinden, in einem warmen, flüssigen Medium. Ich liebe dich in jeder Hinsicht.

Wenn Philosophen in Begriffen denken: Sein und Zeit, Materie und Gedächtnis, Wörter und Dinge, Differenz und Wiederholung oder gar falsch und wahr, dann lassen sie den Menschen, die Lebewesen und die Gegenstände in der Welt zu Salzsäulen erstarren. Sie drücken sich in jenem alten Telegrammstil aus, dessen Stakkato gerade die Deklinationen und Präpositionen zum Opfer fielen. Diese verwandeln umgekehrt die abstrakte, marmorne Skulpturenausstellung in ein Strömen von Luftwellen, in flüssige wogende Wellen, in Flammentänze. Indem sie die Sprache geschmeidig werden lassen und ihr Sinn verleihen, *sens*, zumindest im Sinne der Richtung, überlässt die Sprache sich den Schwingungen der Welt und ihren Wandlungen, zufällig aufleuchtenden und knisternden Flammen. Wenn wir sprechen oder schreiben, überfluten wir nicht allein die Dinge mit Wellen, wir erhellen sie auch mit diesem Flammenmeer.

Die Mystik brennt in diesen ekstatischen Flammen.

So entflammte sich auch Kierkegaard in einem an Pascals *Mémorial* gemahnenden Tagebucheintrag:

> Es gibt eine unbeschreibliche Freude, die uns ebenso unerklärbar durchglüht, wie des Apostels Ausbruch unbegründet hervorbricht: »Freuet euch, und abermals sage ich: Freuet euch« [Philipper 4,4]. Nicht eine Freude über dies oder jenes, sondern der Seele lebensvoller Ausruf »mit Zung und Mund aus Herzensgrund«. Ich freue mich an meiner Freude, aus, in, mit, bei, an, durch und mit meiner Freude, ein himmlischer Kehrreim, der gleichsam plötzlich unseren üblichen Gesang abschneidet; eine Freude, die gleich einem Windhauch kühlt und erfrischt, ein Stoß des Passats, der vom Hain Mamre zu den ewigen Hütten weht. (Den 19. Mai [1838], vormittags, 10 Uhr 30)

Die lateinische Messe schlägt den gleichen, von den gleichen Wegweisern gewiesenen Weg ein:

Per ipsum et *cum* ipso et *in* ipso
Est tibi Patri omnipotenti
In unitate spiritu sancti
Omnis honor et gloria
Per omnia sæcula sæculorum.

Durch ihn und *mit* ihm und *in* ihm
ist Dir, Gott, allmächtiger Vater,
in der Einheit des Heiligen Geistes,
alle Herrlichkeit und Ehre,
jetzt und *in* Ewigkeit. Amen.

Kierkegaard, der Protestant, und der lateinisch-katholische Ritus, beide rufen das Netz der Präpositionen auf, um die ekstatische Freude zu beschreiben, die dort, bei Kierkegaard, das persönliche Subjekt in und durch seine Beziehung zu Gott erfährt, und hier, im Ritus, das göttliche Subjekt in seinem Selbstbezug, in seiner einigen Dreifaltigkeit oder dreifaltigen Einigkeit. Dort erobert das Subjekt die Liebe und die Liebe das Subjekt; hier wird sie von Gott besetzt; dort erobert das Subjekt die Gesamtheit der Beziehungen; hier werden sie von Gott geknüpft.

Wir lieben nie teilweise. Alles oder nichts. Gott und ich, Gott und mein Nächster. In jeder Hinsicht, mit allen Mitteln, auf alle Weisen. Von einer Vater-Tochter-Beziehung oder einer Mutter-Sohn-Beziehung zu sprechen, beschreibt nicht die Vater- oder Tochter-, die Mutter- oder Sohnesliebe, sondern einen pathologischen Zustand. Wenn ich dich liebe, bist du meine Mutter, meine Schwester, meine Tochter, meine Geliebte, eine Fremde, fern, aber so nah, dass niemand mir je so nahe war, bist du die anderen, die Lebewesen und die Welt, ohne irgendeine Ausnahme. Die Liebe nimmt die Gesamtheit der Beziehungen ein. Um sich auszudrücken, braucht sie alle Präpositionen, ohne eine einzige auszulassen.

Warum auch dieses Universalität der Beziehungen religiös nennen? Weil in diesem Fall ein äußeres, mehr oder weniger bekanntes, unbekanntes oder verkanntes Objekt, ein vorliegendes Objekt, mitunter aber auch ein abwesendes, allgegenwärtiges, und transzendentes Subjekt die immanenten Subjekte verbindet. Subjekte, die umso mehr, umso besser zusammen sind, je weiter sie sich in ihre Subjektivität zurückziehen, um dort, von innen, das Objekt-Subjekt zu entdecken, das am weitesten draußen ist, im Unendlichen, Gott selbst. Mehr oder weniger kognitiver Natur, bildet dieses Subjektiv-Objektive aus Subjektivitäten dauerhafte Kollektive. Ich liebe dich in, durch und für die *communio sanctorum*, die Gemeinschaft der Heiligen.

Glauben in, glauben an, glauben

Präpositionen des Glaubens

Ich glaube an, nein *in* Gott, *je crois* en *Dieu*. Ich glaube *an* die Realität der Außenwelt. Ich glaube, was ihr sagt. Achten wir erneut auf die Präpositionen, das heißt auf die Beziehungen und Verbindungen. Die Präposition *in* weist auf ein Bad, ein Eintauchen, eine Umgebung, einen Lebensraum hin; die Präposition *an* beschreibt einen Pfeil, der von einem Subjekt zu einem Objekt fliegt, einen Vektor, der zwei definierte, unterschiedliche und getrennte Instanzen verbindet. Wo die Präposition fehlt, spricht die Grammatik von einem transitiven Verb und einem direkten Objektpronomen.

Credo in unum Deum … Dieses Satzglied offenbart und verbirgt zwei Geheimnisse. Vom ersten habe ich an anderer Stelle gesprochen: Sein erstes, abwesendes Wort, *ego*, ist in der ersten Person Präsens, *credo*, impliziert. Indem es diesen Glauben bejaht und den Zugehörigkeiten ihr Gewicht nimmt, erfindet das Christentum tatsächlich das Ich. *Ich* glaube.

Das zweite Geheimnis lässt *mich* in eine neue Umgebung, einen neuen Lebensraum, in Gott selbst eintauchen, in die Luft, die ich atme, das Wasser, in dem ich treibe oder schwimme, die Erde, die mich trägt und ernährt, das Feuer, das mir Licht spendet und mich wärmt, meine Bleibe, meine Familie, andere, denen ich begegne. Wenn ich sage: Mein Zuhause, meine Familie, beziehe ich mich auf die Synthese eines umfassenden Ichs, die ich an anderer Stelle rühmen werde. Ich bin diese Synthese, die eine Synthese bewohnt. *In* der Welt sein heißt *in* Gott sein.

Auf den Glauben kommt es dabei, wenn ich so sagen darf, weniger an als auf dieses Eintauchen, dieses Bad, diese umfassende Umgebung. Was spielt mein Glaube für eine Rolle, wenn ich *in* Gott lebe wie ein Fisch im Wasser. Ich glaube keineswegs *an* Gott, *à Dieu*, da ich dann als Subjekt einem abgegrenzten, greifbaren Objekt gegenüberstünde, einem Gegenstand meiner

Erkenntnis oder meines Handelns, abstrakt, ohne Umgebung oder umfassende Synthese, einem Gegenstand, dessen Sein oder Nichtsein sich endlos beweisen oder in Abrede stellen ließe. Ebenso wenig glaube ich Gott, da er sich schweigend, verborgen, unsichtbar meinem Hören, meiner Wahrnehmung überhaupt entzieht.

Das *Credo* sagt durchaus *in*, wo es um die drei Personen der heiligen Dreifaltigkeit geht, Vater, Sohn und Heiliger Geist. Aber es tilgt jede Präposition und beschränkt sich auf das direkte Objektpronomen, wenn es von der Kirche spricht, dem objektiven und kollektiven Stein, zu dessen Erbauung *wir* unablässig beitragen. Das *Credo* glaubt der Kirche. Wenn es dann in ein ganz anderes Register übergeht, macht das *credo* dem *confiteor* und *expecto* Platz: Ich bekenne und ich warte. Der Glaube endet im Hoffen.

Lebensraum

So baut die Religion ein Haus, das alles bietet, was wir zum Leben brauchen. All unser Tun und Lassen findet dort seine Entsprechung. Wir leben in seinem Komfort, seiner Vollendung und Schönheit; müssten wir es verlassen, würden wir über seinen Verlust weinen, denn wir hätten nie ein vollkommeneres Haus bauen können und dürfen uns denn auch, demütig, weder als seine Architekten noch als seine Erbauer betrachten.

Ein Ruhehotel, ein Restaurant, in dem es Brot und Wein gibt, eine Schule für Novizen und Katechumenen, ein Tribunal für Beichten, Geständnisse und das

Jüngste Gericht, Verdienste, Opfergaben, Ablässe, Vergebung, eine Residenz des Gesetzgebers oder seiner Repräsentanten, ein Postamt für Botschaften, in dem die Engel geschäftig hin und her laufen, Begegnungsstätte, um Geburten, Heiraten, unheilbare Krankheiten, Begräbnisse zu feiern, sogar ein Friedhof – dieses Haus, das Abfahrts- und Ankunftsbahnhof zugleich ist, vereint, wie man sieht, in seiner Universalität alle anderen über die Stadt verstreuten, im Wortsinn analysierten Häuser. Darum kann es sich auch in ein Gefängnis für das Leben, die Gruppe und das Denken verwandeln.

Kurzum: Ich bin diese Einheit, die eine umfassendere Einheit bewohnt, in der Religion und in der Welt.

Fern oder nah?

Auf der Suche nach dieser Einheit bin ich unterwegs zu einem Meilenstein, der dort schon lange steht. Bevor ich ihn erreiche, muss ich die Hälfte des Wegs zu ihm zurücklegen. Ist dies geschehen, gehe ich wieder los und muss erneut zunächst die Hälfte des noch verbleibenden Wegs bewältigen, und es ist unschwer zu erkennen, dass sich die Frage der Hälfte, so winzig das noch zu passierende Zeitintervall auch sein mag, ad infinitum wiederholt. Die strenge Vernunft beweist also spätestens seit Zenon von Elea unwiderleglich, dass ich, der ich in unendlicher Entfernung von ihr unterwegs bin, die Endstation nie erreichen werde. Mein Körper freilich kommt leichten Fußes, aller Vernunft zum Trotz, nach kurzer Zeit schon an.

So bin ich einerseits unendlich weit vom Ziel entfernt. Andererseits komme ich mühelos ans Ziel, indem ich mit beiden Füßen über die unendlich kurzen Restabstände hinweghüpfe. Als wollten die Beine sich über den Beweis lustig machen. Nein: Als würde das Bündnis von Körper und Seele den Widerspruch mühelos ausräumen.

Überspringe ich die von der Vernunft gezogene Grenze, kommt es zu einem Kurzschluss, der jäh ein Weiß, ein Licht, eine Freude verbreitet, die vollkommener nicht sein könnten.

Mathematische Abschweifung

Messen Sie eine Länge, eine Fläche oder einen Umfang so genau wie irgend möglich. Auf den Zentimeter, den Millimeter, ein Ångström genau. Ihre Messung wird nie die abstrakte Vollkommenheit der geometrischen Geraden erreichen; und für die Fläche eines Dreiecks oder die Kubatur eines regelmäßigen Polyeders gilt dasselbe. Wie sehr Sie die zu Recht approximativ genannte Messung auch verfeinern, sie wird der abstrakten Figur zwar unendlich nah, aber gleichwohl unendlich fern sein. Das gleiche Paradox wie jenes des Zenon.

Die unendliche Ferne oder Nähe Gottes sind weder denkbarer noch undenkbarer als diese Einsicht, die physische, numerische, genaue, exakte Messung einerseits und geometrische Strenge andererseits trennt und vereint. In beiden Fällen ist es eine andere Welt, die sich enthüllt. Der Anfang dieses Buches sagt genau dies:

Die mathematische Physik konnte zu Zeiten Galileis nur durch den Kurzschluss zwischen diesen beiden unendlichen Entfernungen entstehen.

Obwohl beinah ein Wunder, ist die Verbindung beider also möglich. *La religion les* relie. Die Religion *verbindet* sie.

Zurück zur Religion

Als ich jung war, eröffnete mir der Glaube einen unbeschwerten Zugang zu Gott. Die Redlichkeit hat mich dazu gebracht, einen langen Weg rationaler Erkenntnis und menschlicher Liebe und Liebschaften einzuschlagen. An der Pforte des Todes und am Ende dieses dem Denken gewidmeten Wegs sehe ich mich, mit großen Schritten stillstehend, unendlich weit von der erhofften Schwelle entfernt. Der Umweg hat mich kein Stück vorangebracht, noch immer bin ich, beweglich/unbeweglich, dem Ziel unendlich fern, durch einen *unendlich langen* oder *unendlich kurzen* Abstand von ihm getrennt. Weiterhin bin ich dem Ausgang so nah wie möglich, ich verharre in seiner unendlich nahen Nähe.

Unendlich nah, *unendlich fern*, *aufs Komma genau dasselbe*. Endlose Wanderung, sofortige Inbesitznahme. Wieder und wieder nichts oder alles auf einmal. Dunkel und Licht, offen und geschlossen, ein und derselbe Augenblick. Brächte ich tausend weitere Seiten zu Papier, es blieben mir doch tausend weitere zu schreiben und ich wäre, wie mir inzwischen klar ist, keinen Schritt weiter. Oder, genauer: Ich wäre rennend/reglos dem Ziel noch genauso nah. Ich glaube, ich glaube nicht, fast zur gleichen Zeit. Glaube und Zweifel, das Wahre und das Falsche prallen in diesen beiden Unendlichkeiten aufeinander.

Darum konnte wohl nur einer der Erfinder der Infinitesimalrechnung, der zum ersten Mal und durch ein bestimmtes Integral die Vernunft aus dem Gefängnis Zenons befreite, konnte also nur Pascal schreiben: »Du würdest mich nicht suchen, hättest du mich nicht schon gefunden.«

So bin ich dem abwesenden Gott unendlich fern, dem allgegenwärtigen Gott unendlich nah. Die letzte Entscheidung, die Wahl, das Umschwenken, das Erreichen des äußersten Ziels, liegen sie in mir beschlossen? Nein. Zweifellos weniger im Innern als in einer Gnade und Eingebung, die von außen kommen. Wer also wird die Pforte öffnen? Allein kann ich es nicht. Pascal sagt nicht »ich«, sondern »du«. Der unterwegs ist, ist nicht der, für den man ihn hält, sondern der, an den Gott sich richtet. O Herr, der Du mich siehst, zögere nicht, die Pforte zu öffnen, die meine Vernunft verschließt.

Wandernd, weinend, warte ich, dass die Vorzeichen sich ändern. Die Hoffnung tritt an die Stelle des Glaubens, dessen Entfernung zur Vernunft sich auf eine unendlich kleine Distanz verkürzt. Der Sprung, der Brückenschlag zwischen beiden, von dem viele Weise sagen, er müsste zumindest in den Himmel reichen, erfordert nur einen kurzen Anlauf.

Ich glaubte eine zufällig geworfene Münze, ein Blatt im Wind zu sein, und nun stehe ich hier, den Fuß auf der Schwelle und doch unendlich weit von ihr entfernt. Muss ich noch einmal von vorn beginnen?

Denn ich lebe unendlich weit entfernt von Dir (dir), aber unendlich nah; denn Du (du) bist mir unendlich nah, aber unendlich fern.

Göttlich oder menschlich, die Liebe verbindet diese beiden Unendlichkeiten.

III.
Das Problem des Bösen

Ich hätte nie gewagt, ein Buch über die Religion aus bloßer Hoffnung oder Sorge zu beginnen, so stark diese Beweggründe sein mögen. Nein, begonnen habe ich es auch, weil ich, ohne es zu ahnen, seit je an einer synthetischen Philosophie gearbeitet habe. Unablässig Verbindungen herstellend, sah ich undeutlich ein Zeitalter heraufziehen, in dem sich mit dem Wandel der Kulturen und Praktiken ein neuer Typus von Verbindungen durchsetzen würde, um schließlich die Oberhand über eine dem Ideal des Analytischen verpflichtete Tradition zu gewinnen, die zusehends bruchstückhaft und kraftlos geworden ist, ja Zerfallserscheinungen hervorzurufen droht. Die Analyse ist kritisch und rückwärtsgewandt, sie löst auf und destruiert, die Synthese ist vorwärtsgewandt und konstruktiv, indem sie auf lokaler wie globaler Ebene organische Verbindungen herstellt – von meinem *Hermes* bis zum *Grand Récit*, von *Interferenz* bis zu *Der Hermaphrodit*, von *Die Legende der Engel* bis zu *L'Art des ponts*. *Die Nordwest-Passage* verbindet die Ozeane und die Wissenschaften, *Der Naturvertrag* verknüpft Mensch und Welt.

Wie könnte man am Ende eines solchen Wegs nicht der Religion begegnen, die doch ihrerseits verbindet, synthetisiert und eine Totalität schafft, die der von den Wissenschaften erschlossenen ebenso benachbart ist wie der, die jede Philosophie geduldig, Teil für Teil konstruieren muss. Werfen wir, bevor wir jene Totalitäten beschreiben und ihre Ähnlichkeiten herausstellen, einen Blick auf diese Teile.

Auf der Karte wie in der Realität ist Frankreich von Spanien durch den Riegel der Pyrenäen, von Italien durch die Alpen, von England durch den Ärmelkanal und von Deutschland durch den Lauf des Rheins getrennt. Nur die Wechselfälle unserer Geschichte oder Politik aber waren es, die das Mittelmeer in das Ionische, Tyrrhenische und Adriatische Meer unterteilt haben. Und doch fließt, in diversen Mischungen, im Westen wie im Osten immer noch ein und dasselbe Wasser. Verbunden durch drei Kaps im Süden und die um die Arktis herumführende Nordwestpassage, sind die Ozeane ein universales Wassermedium: tausend Gestade, ein Fluidum.

Ganz so trifft auch jeder Teil, jedes Moment der im Aufbau begriffenen philosophischen Totalität auf Teile der wissenschaftlichen wie der religiösen Totalität, als ob sie einander wechselseitig durchdringen würden. So schließt meine mathematische Untersuchung des Systems von Leibniz mit einem Lobgesang auf das wissenschaftliche Werk Blaise Pascals, der am Ende in Christus den Fixpunkt erkannte, den keine exakte oder strenge Wissenschaft beibringen kann. *Der Parasit* bietet eine Neulektüre der Abenteuer Josefs. *Die Legende der Engel* schließt an *Hermes* an. *Rome* zitiert das »Vaterunser« mit Blick auf Jupiter. Die Lektüre der Romane von Jules Verne mündet in die des Buchs Exodus. *Der Naturvertrag* schließt mit einer in Litaneien vorgetragenen Feier der Erde. Der *Troubadour des Wissens* stimmt gegen Ende das Magnificat an. *Rameaux* kommt auf das Leben und Werk von Paulus zurück. *Statues* verharrt, entrückt, vor der Krippe. *Musique* analysiert Mariä Heimsuchung, den Besuch der schwangeren Maria bei Elisabeth. Kurzum: Die Totalität Religion taucht, mit dem Begriff von Leibniz, in *partes totales*, »ganzheitlichen«, das Ganze verdichtenden Teilen in der im Aufbau begriffenen philosophischen Synthese auf, die sich auf die Enzyklopädie der Wissenschaften stützt. Ich hätte, mit einem Wort, nur eine *pars totalis* nach der anderen wieder aufgreifen müssen, um ein erstes Buch über das Religiöse zu schreiben.

Die Zeilen dieses Buchs müssen also eine Art Wechselseitigkeit freilegen, durch welche die entstehende wissenschaftliche und philosophische Totalität ihrerseits in Gestalt von *partes totales* in der Darstellung der Totalität Religion auftaucht. Der Leser mag bei der Lektüre *L'Origine de la géométrie*, die Informationstheorie oder die Evolutionstheorie, auch die Chaostheorie, ja eine Anthropologie oder Geschichtsphilosophie wiedergefunden haben. Die drei Totalitäten berühren, durchdringen, umschließen einander. Globale Ozeane, lokale Meere, aber überall ein und dasselbe Fluidum mit seinem Geflecht von Meeresströmungen.

Weil in ihm jede einzelne Linie mit allen anderen verbunden ist, veranschaulicht das Netz, als formales Modell verstanden, dieses fließende Reich, wenn auch in festem Zustand. Die vertikalen und horizontalen Verbindungen der beiden vorhergehenden Teile bilden Schuss und Kette dieses Netzes.

Anderes Bild der partes totales

Jeder Organismus trägt in seinem Phänotyp und Genotyp, durch seine Umwelt und seine Evolution die anderen Lebewesen und die Welt, ihre Spur, ihre Anwesenheit oder Nachbarschaft in sich. Es ist, als bilde jede Art, darunter die unsere, einen Kettfaden, der nach und nach auf zahllose andere Schussfäden, manchmal auch auf alle trifft. Die Gemeinschaft der Lebewesen und das Ganze der leblosen Welt bilden sich mittelbar in diesem Organismus, einer neuen *pars totalis*, ab.

Die erwähnte Klassifikation würde also nicht allein das Meereskleid oder die Lufthülle der Erde nachzeichnen, sondern auch das, was ich *Biogée* genannt habe, das Gewimmel der unseren Planeten bevölkernden Lebewesen.

Lücken

Jener philosophischen Totalität, an der ich, ohne es zu ahnen, gearbeitet habe, fehlten also Religion und Politik. Eine Reihe von Texten zur Ökologie, zum Recht und zur heutigen Welt versammelt verschiedene Elemente, die geeignet sind, eine neue Politik zu denken. Heute, da es unseren überholten Regierungsformen an einem neuen Modell fehlt, um es mit einer außergewöhnlichen Welt aufzunehmen, die sie weder konstruiert noch vorhergesehen haben, könnte nichts dringlicher sein.

Bevor ich sterbe, wollte ich also dieses Programm

abschließen, indem ich die Religionen meiner Kultur wiederlese. Griechisch-römische Antike, Judentum und Christentum. Ich hoffe, dieses Buch verwirklicht dieses Projekt. Die Religion meiner Jugend fehlt mir, ich bin untröstlich, sie verloren zu haben. Mit dem Kopf verloren, denn in meinem Leben und meinem Verhalten habe ich sie bewahrt. Wie kann ich dem Christentum zumindest in kleiner Münze die Schätze zurückzahlen, die meine Jugend mit Freude erfüllt haben?

Kognitiver Dualismus

Um auf diese schon zu persönliche Frage zu antworten, komme ich auf eine ganz andere Totalität, eine subjektive Synthese zu sprechen.

Wir leben und denken als Dualisten, indem wir Seele und Körper trennen, sosehr beide sich dagegen sträuben mögen. Wenn wir die Beziehungen des Subjekts zu den Dingen und zu anderen beschreiben, verlassen wir uns auf den Verstand; und den Sitz der Gefühle und Empfindungen nennen wir Herz. Oben, im Kopf, Neuronen; weiter unten aufgewühltes Mediastinum und Gedärm. Kalt vor Wissen, glühend vor Lebenskraft. Nein, der Darm denkt genauso wie der Kortex; und ich habe oft genug gesagt, dass ich mit den Füßen schreibe.

In diesem Dualismus bleiben wir auch gefangen, wenn wir die Religionen beschreiben. Ganz gleich, ob wir als Theologen dialektisch rationale Argumente austauschen oder unser Herz ausschütten. Dem Gott der Philosophen und Gelehrten stünde so der gegenüber, den wir nur mit dem Herzen spüren, der Gott Abrahams, Isaaks und Jakobs.

Aber auf Vernunft allein beruht das Religiöse so wenig wie auf dem von Rousseau und einem schwärmerischen Romantizismus erneuerten pascalschen Herzen. Es liegt vielleicht in beiden beschlossen, oder in keinem von beiden. Wie sollen wir jene dritte Funktion nennen, nach der unausgesprochen alle Kulturen der Welt streben? In Gestalt der Verbindung, der Verknüpfung, der Totalität ist sie stets und überall lebendig, im rationalen Modus formaler Fragestellungen so gut wie im emotionalen Modus des Kummers oder Jubels und anderer Gefühle. Glauben *in* beschreibt, wie ich oben gesagt habe, das Eintauchen in eine umfassende Totalität, das mit dieser dritten, integralen und synthetischen Funktion zu tun hat. Mit welcher Funktion?

Audio musicam ergo sum

Die Musik weckt diese dritte Funktion. Wer hört, wenn ich Musik höre? Mein Körper erzittert, wenn ich sie höre, er tanzt, wippt mit dem Fuß, könnte vor Freude springen, sie elektrisiert und strafft die Muskeln, beschleunigt den Puls, ein Kribbeln fährt durch Bauch und Geschlecht … Unbewusst würdigt und bewundert der Intellekt die harmonische Komposition und die Anlage des Kontrapunkts; das verzauberte Gehör bringt mit seinen Wellen das ganze sensorische System zum Schwingen, Rhythmen und innere Tempi verbinden sich, um im Takt ein und desselben Metronoms zu schlagen; die Empfindungen rühren mich zu Tränen oder lassen mich vor Begeisterung beben. Mit einem Mal alles erfassend, alles umfassend, stiften diese Beziehungen meine Einheit.

Tatsächlich gibt es keine Stelle in mir, die nicht von der stummen Ekstase ergriffen würde, in die mich dieses gespannte Hören versetzt. Die Musik nimmt mich in Beschlag, sie packt und durchdringt mich, sie umfängt mich völlig und weckt in mir irgendeine unbekannte integrative oder existenzielle Funktion, sie eint mich in allem, was ich bin, wie eine ungeheure Akkolade oder jene intensive Ekstase, die man Existenz nennt.

Ich höre Musik, also bin ich.

Subjektiv, objektiv, kognitiv und kollektiv

Und nicht nur das, nein, sie verbindet auch Chor, Solistin und Orchester, sie begleitet das Ballett und geht einer im Gleichschritt marschierenden Hundertschaft von Soldaten voran, sie bringt ein Publikum in Wallung, das eins wird, sich erhebt, die Hände in die Höhe reckt, sie lässt auf einer Tanzfläche die sich aneinanderschmiegenden Paare im Walzertakt dahingleiten. Sie eint, mit einem Wort, das Subjektive des Körpers und der Seele, das Objektive der Blechbläser, Holzbläser und Streicher, der Klangwellen, das Kognitive der künstlerischen Komposition und ästhetischen Wahrnehmung, schließlich das durch den Rhythmus mitgerissene, durch die Melodien verführte Kollektiv. Man kann nicht schneller gehen, als die Musik spielt, so lautet ein französisches Sprichwort, das sagen will, dass sie allen Dingen vorangeht, einschließlich der Harmonie der Himmelskörper und der Zeilen, die ich hier schreibe. Keine der anderen Künste kann in mir, in uns, überall, einen Bund, eine Synthese, eine Totalität von solcher Innigkeit schaffen.

Dualistisch, wie wir sind, sprechen wir von ihrer Geschichte, vom Solfeggio oder der Fuge, von ihren Komponisten und Instrumenten, oder wir schwärmen von den Gefühlen, die sie weckt. Wir sprechen von ihr unter den zwei Aspekten der Vernunft und des Herzens. Entweder unter dem einen oder unter dem anderen. Geht es wirklich um das, was ich höre? Geht es darum, an wen oder was Komponist und Interpret sich richten? Geht es um die Priorität, um die fundamentale Vorgängigkeit, zu der die Musik hinführt, die sie darstellt und in Schwingung versetzt? Die gleiche Unterscheidung lässt sich im Hinblick auf die Religion treffen. Wir stehen stets im Bann des Analysezwangs. Trennen, scheiden, unterscheiden – Leitidee und Gefängnis, Licht und Trübung.

Der Vater und der Tag

Ich habe einmal den Namen Jupiter – Tag, Vater – mit dem Hinweis beschrieben, er stelle die Synthese her zwischen unserem physikalischen Wissen vom Licht und dem sehr menschlichen Gefühl der Abstammung, die gleiche Synthese wie in der Anrufung »Vater unser, der du bist im Himmel«, in der freilich noch eine kollektive und, durch eine Modalität des Verbums »sein«, eine existenzielle Dimension hinzutritt. Daher die Fragen, die jenes eine Wort, Jupiter, ebenso aufwirft wie die sieben des Vaterunser: Wie kommt es, dass der Himmel, der uns in sein Licht taucht, derselbe ist, unter dem ich zu meinem Vater in einem Verhältnis der Unterwerfung oder der Liebe stehe, die man in psychologischen oder soziologischen, ja anthropologischen und politischen Begriffen beschreiben kann? Eine unmittelbar sich aufdrängende und doch befremdliche Frage nach der Eingelassenheit unserer vitalen und sozialen Existenz in die Natur, eine Frage, die weder rational ist noch der Sphäre der Gefühle angehört, aber an beiden, und nicht nur an ihnen, partizipiert.

Ja, woher kommt die Religion? Die Frage stellt sich umso mehr, als der kundige Fachmann für Astronomie und Elektrostatik, der ich bin, zweifelsfrei weiß, dass da niemand hinter den Wolken sitzt und in der Absicht, Licht zu bringen, zu warnen oder zu verletzen, Blitze schleudert. Sie stellt sich auch umso mehr, als die Geistes- und Sozialwissenschaften mich über die Bande zwischen Vater und Sohn belehrt haben, über die Nichtigkeit dieser fiktiven, aus Phantasmen geborenen Figur. Muss nicht, von zwei komplementären Standpunkten aus kritisiert, von zwei Seiten untergraben, die ganze Religion in sich zusammenfallen? Die zunächst von der Aufklärung, dann von den Geistes- und Sozialwissenschaften vorgetragene Kritik hat dafür gesorgt, dass wir fortan, endlich befreit von absurden Phantasmen und eingebildeten Schrecken, zum ersten Mal in atheistischen Kulturen leben.

Keine dieser weichen oder harten, ihrerseits analytisch voneinander getrennten Disziplinen aber befragt die umfassende Verbindung, die existenzielle Synthese, durch die jede menschliche Bindung ihren natürlichen

Ort hat: Warum lieben wir uns in der Welt? Warum hassen wir uns zwischen Ländern und über Meere hinweg? Warum leben wir in der Liebe zu den Pflanzen und den Tieren, die uns ernähren und einst gefressen haben, in dieser Ecke des bedrohlichen und bestirnten Universums zusammen? Die Religionen versuchen, synthetisch, eine Antwort auf diese globalen Fragen zu geben. Sie stellen Bindungen und Beziehungen bereit. Noch einmal: Sie verbinden.

Es muss eine existenzielle Funktion sein, eine Offenheit für die Synthese, die uns dazu bewegt, solche umfassenden Fragen mit unentscheidbaren Antworten zu stellen. Sie bringt uns dazu, die Welt, in der wir leben, die unauflöslich natürlich und menschlich zugleich ist, zu erforschen oder zu ersinnen, sie baut, praktisch gesprochen, unser Haus. Wir geistern durch diese Synthese, ohne die wir nicht wohnen könnten.

Die Wissenschaften unterscheiden sich von den Religionen nicht nur durch ihre Antworten auf Fragen nach dem Warum und Wie, sondern vor allem dadurch, dass sie das Wirkliche aufteilen, es unter partiellen kognitiven Hinsichten betrachten, die völlig verschieden von jener umfassenden Erschließung sind. Glauben *an*, aus sicherem Abstand wohldefinierte Objekte analytisch erkennen, ist das eine. Glauben *in*, mit Leib und Seele in einem gemeinsamen Haus wohnen, von dem wir nicht alle Fluchten sehen können, ist das andere. Entweder die Dinge oder die Welt. Entweder ich in Stücken oder ich ganz. Entweder Analyse oder Synthese, auflösen oder verbinden.

Herz und Vernunft halten sich an das Entscheidbare: Freude oder Trauer, Beunruhigung oder Gelassenheit, wahr oder falsch, gerecht oder ungerecht, Bruchstücke, die uns dem Prinzip des ausgeschlossenen Dritten unterwerfen. Mit dem Herzen lachen oder weinen wir. Die Vernunft verfährt auf der Suche nach Gewissheit analytisch, sie scheidet Wahrheit von Irrtum. Wir beweisen, experimentieren, fühlen, und davon ausgehend entscheiden wir, mit Messer oder Schere, wie das Wort *décision* es will. Dem Vokabular der Analyse zu widerstehen, fällt uns so schwer, dass wir zögern, anders zu sprechen, anders zu denken. Und dennoch entspringen zahlreiche Erfindungen und Entdeckungen, und nicht die geringsten, ebendiesem »anders«. Die Entdeckung der irrationalen Zahlen, der nichteuklidischen Geometrie oder der Quantenmechanik legt davon eindrucksvoll Zeugnis ab.

Denn die Kraft der Synthese versetzt uns, je größer ihre Tragweite ist, umso mehr ins Unentscheidbare. Sie lässt uns im unerträglichen Ungleichgewicht des eingeschlossenen Dritten verharren. Wir entscheiden, um innerhalb des lokal Begrenzten und Begreiflichen zu denken und zu handeln, aber wir wohnen in einem Umfassenden, das über unseren Verstand und unsere Begriffe geht. Die Tragweite dieser Synthese lässt sich an einem Beispiel ermessen.

In der Lehre halten wir am Dualismus fest: auf der einen Seite die Geisteswissenschaften, auf der anderen die sogenannten harten Wissenschaften, die wir von den Sozialwissenschaften trennen, selbst wenn wir damit ganze Populationen, die nichts von ihr verstehen, in die Welt entlassen. Unkultivierte Wissende hier, kultivierte Unwissende dort. Wir erschaffen originelle Köpfe oder Universalgehirne. Nur dass Mediziner und Juristen auf keinen der beiden Köpfe verzichten können, um sich einerseits ein eher formales Wissen anzueignen, andererseits dem Einzelfall gerecht werden zu können. Daher verfügen sie über ein breiteres, duales Wissen. Als trügen sie zwei Köpfe auf den Schultern. Ich habe diese Doppelköpfigkeit, konkreter: den Besitz eines Gehirns mit zwei Hemisphären, immer herbeigesehnt.

Ende des analytischen Zeitalters

Der fragliche Dualismus entspringt ebenjenem analytischen Ideal, von denen wir uns seit der griechischen Morgenröte haben leiten lassen: Dichotomie bei Platon, Zerlegung in Teilprobleme bei Descartes. Wir erkennen im Licht dieser Unterscheidungen. Seit den ersten Zeilen dieses Buchs habe ich das Ende dieser Ära und den Beginn eines Zeitalters angekündigt, in dem Synthesen, Verbindungen, Netze aller Art unser Handeln und Denken leiten werden. Warum?

Weil gegenüber diesen verstreuten, zerschnittenen, zerstückelten Elementen alle zeitgenössischen Probleme sich als Transversalen, als inter-disziplinär, inter-ministerial, inter-professionell darstellen und nur von mehreren Vertretern divergenter Meinungen, Fähigkeiten, Expertisen gelöst werden können – unter dem sanften Einfluss eines Vereinfachers, der diese neue

Kunst des Denkens verkörpert. Die Kunst des Webens, Knüpfens und Verknüpfens, des Verhandelns auch, tritt an die Stelle des *Discours de la méthode*. Den Heroldsstab des Hermes zieren zwei ineinander verflochtene Schlangen.

Zerschneiden ist zudem destruktiv, Verbinden ist konstruktiv. In Elemente unterteilen, in Stücke zerschlagen, Energie zuführen, um die Mischungen schmelzen zu lassen und ihre Komponenten voneinander zu scheiden. Die Auslöschung der Arten, der Klimawandel, die Umweltverschmutzung gehen auf dieses Projekt der *découpage*, im Wortsinn also des Zerschneidens, der Lösung und Auflösung zurück, das eine Welt in Stücken, einen Ozean von Abfällen hinterlässt.

Schluss mit dem Schneiden und Trennen, Morgenröte der Verbindungen – das ist um der Bewahrung der Welt willen unsere Zukunft.

Die zwei Meta

Antike Bibliothekare sollen es gewesen sein, die den Büchern des Aristoteles, die auf die *Physik* folgten oder ihr vorhergingen, den Titel *Metaphysik* gegeben haben. Es wäre für meine Begriffe eine passende Ergänzung dieser so glücklichen Eingebung gewesen, hätten sie *Metanomik* die möglichen Bücher genannt, die auf die hätten folgen können, die sich mit der Verfassung Athens, der Ethik oder der Rhetorik befassen, auf jene gewaltigen Rudimente dessen, was wir inzwischen Geisteswissenschaften nennen. Wie die sogenannten harten Wissenschaften sich in jener Metaphysik vollendeten, deren Fragen zur Materie, zur Form, zur Zeit und zum Universum über jede mögliche Erfahrung hinausreichen und darum ebenso vielfältige wie unentscheidbare Antworten auf den Plan rufen, so hätten auch unsere sogenannten weichen Geisteswissenschaften ebenso bescheiden zugunsten von Fragen zurücktreten können, die dem Individuum, der Geschichte oder dem menschlich Schicksal gewidmet wären.

Stellt man sie innerhalb dieser zwei Rahmen, die aber mit einem Mal verschmolzen, passgenau miteinander verbunden sind, weil sich das menschliche Schicksal von dem der Natur nicht trennen lässt, müssten auf all diese Fragen so unentscheidbare Antworten erfolgen wie der Totemismus, der Animismus, die Polytheismen, die Monotheismen. So verbreitet, überlebensnotwendig, universal, wie sie in sämtlichen Kulturen sind, scheint es mir ausgeschlossen, dass die menschliche Erkenntnis, ja Existenz keine besondere Funktion bereithält, die sie mit jenen objektiven, subjektiven, kollektiven und kognitiven Inhalten in Beziehung setzt, die weder emotional noch rational und formal oder im Gegenteil beides sind. Ich habe einmal festgehalten, dass der Monotheismus, den ich am besten kenne, der Katholizismus, mehr oder weniger alle erwähnten Antworten bereithält. Und ich schrecke nicht vor der Hypothese zurück, dass dies von den Religionen überhaupt gilt, so sehr widersteht ihr Universum der Analyse und der Entscheidung.

Gibt es am Ende eine dritte Instanz, die nicht nur die überlieferte Metaphysik mit jener noch zu schreibenden Metanomik, sondern auch das Intellektuelle mit dem Emotionalen und die Kultur mit der Natur verbinden könnte? Oder genauer: Sie müsste das Subjektive – gefühlsmäßig oder abstrakt, Vernunft oder Herz – mit dem Objektiven – der Welt, dem Unbelebten und Lebendigen unter dem Himmel – und mit dem Kollektiven – uns und mir – verbinden, ohne das Emotionale außer Acht zu lassen. Aus dieser Perspektive würde schließlich auch klar, weshalb wir ein und dasselbe Wort für die Gesetze der Natur und die des Gemeinwesens gebrauchen.

Das derart gebaute, bislang bloß imaginierte Haus wäre ein so umfassendes Universum, dass es erneut unentscheidbar bliebe, weil sich in ihm das Abstrakte oder Rationale, das Analytische also mit den Gefühlen, dem Sozialen, Kristallinen, Pflanzlichen, Tierischen, mit Sonnenaufgang und Sonnenuntergang, und die Liste ist unabschließbar, vermischen würde.

Religion meint aber nicht nur die Beziehungen, die den Gläubigen mit Gott vereinen, oder die des Ungläubigen zu denen, die wie er, und zu denen, die nicht wie er sind. Sie meint auch nicht nur die beiden Achsen, die wir oben vertikal und horizontal genannt haben, sondern *die Beziehung als solche*, die Relation im Allgemeinen, die Gesamtheit aller möglichen Verbindungen, der kognitiven wie der objektiven und der erst noch zu erkennenden. Durch das unbestimmte Integral dieser netzförmigen Verknüpfungen versetzt die Religion uns in die Welt; wir sind in der Welt durch dieses Integral.

Merkwürdigerweise kennen die Kognitionswissenschaften kein Wort, um diese umfassende subjektive Funktion zu beschreiben. Sie ist in uns, aber wurde sie je wirklich erforscht? Sie richtet sich insbesondere auf das Religiöse, das in ihr sein Subjekt findet, und auf das objektive Feld, das sie zu erfassen sucht. Dank dieser totalisierenden Funktion betrifft das Religiöse in der Tat Sterne und Menschen, Erschaffung und Ende der Welt, unser kollektives oder individuelles Schicksal, Zeit und Geschichte, Feldkräuter und -blumen, Wölfe, Vögel, Lämmer, Physik und Moral, Gerechtigkeit, Recht und Rechtsprechung, Medizin und Gesundheit, sexuelle Erregungen, ja, die Gesamtheit des real und potenziell Existierenden. Was entgeht ihm? Nichts. Es *verbindet* alle unsere kognitiven Funktionen, die dann, gemeinsam, alle Dinge der Welt, ja, alles Menschenerdenkliche, ohne Ausnahme, in seiner *Verbundenheit* zu erfassen suchen. So unmöglich dies der Vernunft zu sein scheint, sosehr es auch über alles Gefühl hinausgeht, es gilt doch für alle Menschen, seit ihren Anfängen, in ihrer ganzen Geschichte, auf der gesamten Erd- und Wasserfläche. Wie wir keine Kultur ohne Musik kennen, so auch keine ohne Religion. Das *Religiöse*, ja, der Name ist gut gewählt, ist das universale *Verbindende*, das Göttliche ist diese *Bindung*, diese *Verbundenheit*.

Zwei Erzählungen

In einer einzigen, relativ neuen und überraschenden Bewegung haben die Wissenschaften sich dieser Integration angeschlossen. Die Große Erzählung, an der sie gemeinsam arbeiten, deckt die gleiche Zeitspanne ab wie das, was man heilige Geschichte nennt. Die von der Genesis erzählte Woche lässt sich besser durch den Big Bang, die Abkühlung des Universums, die Bildung von Planetensystemen, unter anderem des unseren, die Entstehung des Lebendigen erklären; die Sintflut entspricht den marinen Transgressionen im Gefolge von Klimaschwankungen; das Auftauchen des Menschen vor dem Paläolithikum verortet ihn im Paradies der Sammler, Kain und Abel sind der bildhafte Ausdruck des Ackerbaus und der Viehzucht im Neolithikum, der Turmbau zu Babel eine naive Darstellung der Versprengung der Kulturen und Sprachen. Abraham tritt in der Achsenzeit auf; und gemahnt nicht das unvorstellbare Abenteuer der Aborigines, die dank der gesunkenen Wasserspiegel nach Australien gelangten und durch deren Wiederanstieg dort festsaßen, an die Durchquerung des Roten Meers durch die Hebräer, die sich sein Austrocknen zunutze machten, während ihre Verfolger, als es sich wieder füllte, von den Wassermassen verschlungen wurden? Die Gesetzestafeln erzählen von der Erfindung der Gesetzgebung wie der des Zwölftafelgesetzes.

Die immensen Unterschiede zwischen den einzelnen Stationen verdeutlichen, wie nahe diese imaginären Erzählungen der Wahrheit kommen. Wie die Politik die weltliche Macht von der geistlichen unterscheidet, so herrschen hier auf der einen Seite die Schwere des Realen und das Gewicht der Wahrheit, auf der anderen die Leichtigkeit der Bilder, aus denen Hoffnung spricht. Und doch fügen sich beide dank einer *strukturellen Analogie* zur Erzählung ein und desselben Abenteuers, derselben Odyssee, derselben weltlichen und menschlichen Dauer. Vergleicht man sie Stufe für Stufe, ist davon nichts zu sehen; und doch ist da eine parallel laufende, umfassende Absicht. Neue Synthese von Wissenschaften und Religion, vereinte Anstrengungen beider, unverhoffte Nordwestpassage.

Einst stritten beide Instanzen über ganz bestimmte, analytisch voneinander geschiedene Fragen wie die Erdrotation oder die Evolution der Lebewesen. Den unleugbaren Etappensiegen der einen steht heute, da die Stunde der Synthesen angebrochen ist, ein merkwürdiger, beide versöhnender Frieden gegenüber, der noch der Aufklärung harrt.

Jenseits dieser ganz formalen Verbindung, jenseits auch jener auf sie drängenden, dritten kognitiven Funktion gilt es die Kraft, die beide Erzählungen einander annähert, genauer zu bestimmen. Welcher Dynamik verdankt sich das schwindelerregende Viadukt, das sie über ihre formale Analogie hinaus verbindet?

Risiko der Synthese: Integralismus

Da eine Totalität kein Außen kennt, also potenziell totalitär ist, wird sie rasch exklusiv und äußert sich dann in Exklusionen. Ich weiß alles, habe auf alles eine Antwort, für alles eine Lösung, mein Licht erhellt noch den letzten Winkel ... Dann treten die auf den Plan, die nicht diese für den Augenblick noch unbekannte integrative Funktion, sondern nur den von diesen oder jenen befohlenen Weg miteinander teilen. Durch ebendiese in den Akt übergehende Potenz maßen sich diese Dogmatiker das Recht über Leben und Tod derer an, die diese Totalansicht nicht teilen. Daher die Kriege, Verbrechen und Ausschreitungen, die in der Religionsgeschichte so häufig sind und heute noch so viel Leid verursachen, daher die Verlogenheit derer, die meinen, im Namen der Gerechtigkeit töten, im Namen des Mitgefühls und der Barmherzigkeit foltern zu dürfen.

Die bewohnbare Welt, unser ganzes gemeinsames Haus kann sich tatsächlich als Gefängnis erweisen, aus dem zu fliehen niemand das Recht hat, oder als kanonenbewehrter Bunker, aus dem bei Sichtkontakt das Feuer auf Fremde eröffnet wird, oder aber als ganz normales Haus, als Jurte, Iglo, Wigwam, Tipi oder Villa, mit Türen und Fenstern, die sich öffnen lassen und durch die jeder eintreten kann, ein freundliches Gästehaus, das müde oder verängstigte Durchreisende, ja Urlauber willkommen heißt.

Diese Wahl zwischen der Freiheit, in jenes gemeinsame Haus einzutreten oder es zu verlassen, und dem Dogmatismus, der uns in es einsperrt, ist uns durch die Tatsache auferlegt, dass jede Religion die Unentscheidbarkeit ihrer Konstruktion auf sich nehmen kann oder nicht. Anders gesagt: Entweder der Zweifel geht unauflöslich mit dem Glauben einher, und beide bedingen einander wie Einatmen und Ausatmen, die nur zusammen das Atmen möglich machen, oder die Gewissheit treibt gewaltsam den Zweifel aus, blind für die Evidenz des Unentscheidbaren.

Geschichte der Wissenschaften

Der Zweifel zeitigt einen fortschreitenden Verlust an Integration und Gewalt. Die Geschichte der Wissenschaften hat unablässig zur kontinuierlichen Schwächung der Religionen beigetragen, dadurch aber ihren nach innen gewandten und virtuellen Charakter immer stärker hervortreten lassen. Das abendländische Beispiel der christlichen Religionen scheint in dieser Hinsicht tatsächlich beispielhaft zu sein. Als sie mit voller Wucht von Gewissheiten wie der Erdbewegung oder der Evolution der Arten getroffen wurden, mussten sie ihre eigenen Wahrheiten sorgfältig prüfen, also den Dogmatismus hinter sich lassen. Ohne ihren umfassenden Charakter zu verlieren, begannen sie historische, symbolische, relative Lesarten ihrer Texte anzubieten, konnte doch niemand mehr die Bewegungslosigkeit unseres Planeten behaupten oder die Nichtexistenz von Fossilien, also der Evolution, von der diese Zeugnis ablegen. Indem sie derart Ballast abwarfen, entdeckten sie nach und nach ihre wesentliche Schwäche, ihre Nicht-Gewalt. Nichts war diesem Fortschritt förderlicher als die fortwährende Verhandlung, gefolgt von einem stets erneuerten Scheitern, dessen wahren Wert wir nie ganz erkennen. Die Macht der weltlichen Wahrheiten reinigte die Religionen, sie überantwortete sie ihrer wahren Natur, dem Geistlichen.

Die Religionen, die nicht die Chance zu einem solchen Rückzug, zu einer solchen Prüfung, Reinigung oder Entlastung und, ja, zu einer solchen Besänftigung, einer solchen Schwächung hatten, fuhren fort, unfehlbare Wahrheiten zu verkünden und stets wieder nach weltlicher Macht zu greifen. In ihrer Härte und Verhärtung hörten sie nicht auf, im Namen einer totalen, nicht nur anfechtbaren, sondern unentscheidbaren Wahrheit Gewalt auszuüben und zu töten.

Ich habe die sogenannte heilige Geschichte der Großen Erzählung der Wissenschaften angenähert. Wir sollten freilich nie vergessen, dass nicht nur die Religionen zuweilen die furchtbarste Gewalt entfesseln, sondern auch die Wissenschaften ihr Nagasaki erlebt haben.

Die Gewalt und das radikal Böse

Der Missbrauch dieser Totalitäten führt also ins Zentrum des Problems. Ob sie in oder aus menschlichen Beziehungen entsteht, ob sie durch Attentate oder globale Konflikte entfesselt oder durch Krankheiten, Parasiten, Mikroben, durch das Altern und den Schmerz, durch Wasser, Erde, Luft oder Feuer, durch Überschwemmungen, Erdbeben, Tornados, Brände hervorgerufen wird – die Gewalt, die dunkle Seite der Energie, übt universale Herrschaft über uns aus.

Lange Zeit haben wir ihre Spielarten miteinander assoziiert: tödliche religiöse Gewalt, verübt an Iphigenie im Tausch gegen die physische Gewalt des Windes, die wiederum Agamemnon der soziopolitischen Gewalt des Krieges in die Arme trieb; die Tochter Jephtas, deren Tod ebenfalls Preis eines Sieges ist; Ödipus, König von Theben, der leiden muss, um die Pest, die seine Stadt verwüstet, von ihr abzuwenden; Jona, den die Matrosen ins Meer werfen, um die Kraft des Windes zu besänftigen; die Erde, die beim Tod Christi bebte.

Unsere Kenntnisse haben diese Spielarten der Gewalt voneinander getrennt, und diese analytische Unterscheidung hat es uns erlaubt, ihre verschiedenen Aspekte zu untersuchen, um sie manchmal, der Suche nach Wahrheit sei Dank, auch zu beherrschen. Dennoch möchte ich sie einander annähern, um die gemeinsame, tief liegende Dynamik zu begreifen, die sie entfesseln. Tatsächlich bin nur scheinbar ich es, der sie einander annähert, denn in Wahrheit *ist es die Gewalt selbst, das radikal Böse, das sie einander annähert*. Warum? Weil sie zunächst einmal Energie ist: Energie der Wellen und Flammen, der Tiere und Pflanzen, der Männer und Frauen, des Schöpferischen, das Enthusiasmus und Leiden hervorruft. Energie, um eine Stoßrichtung ergänzt. Die eine bewegende Kraft, die andere Steuerruder.

Energie

Wissenschaften, soziale Organisationen, persönliches Verhalten, religiöse Riten, unsere kulturellen Gepflogenheiten im Allgemeinen entstehen, so glaube ich, aus dem Umgang mit der Gewalt, mit dem Schrecken, den sie verbreitet, aus den Maßnahmen, die wir ergreifen, um sie zu beschwichtigen, zu mäßigen, einzudämmen, zu beherrschen. Das Ruder fest in der Hand halten, es ausrichten, um ihre je nach dem Winkel des Ruders schädlich oder nützlich werdende Kraft zu lenken. Aber wie?

Jede Gewalt schließt Energie ein. Als solche neutral, kann die Energie zur Gewalt eines Mordes oder eines Tornados werden, aber sie lässt sich in eine weniger gefährliche Richtung lenken. Einen eindeutigen Beleg dafür liefert das Schema René Girards, in dem die kollektive Gewalt zunächst diffus ist, um sich dann zu fokussieren und auf einen einzigen Kopf, das Opfer, den Sündenbock, zu konzentrieren. Ihre Energie wird also umgelenkt. Unsere Bemühungen und Errungenschaften aller Art entspringen den Taktiken und Strategien dieser Umlenkung, dieser *möglichen* Inklination. Denn ihre Energie *kann* die Stoßrichtung und den Angriffspunkt ändern. Dieses Mögliche, wenn möglich, in den Griff zu bekommen, das ist, wenn ich so sagen darf, die Triebkraft unserer Geschichte, vielleicht sogar unserer Welt.

Frage: Wohin geht die Energie, wohin ist sie gegangen, wohin wird sie morgen gehen? In welchem Maße können wir sie umlenken, wenn sie in Gewalt umzuschlagen droht? Wann genau driftet die Energie in diese bösartige Richtung ab? Denn sie muss ohne Zweifel an der Wurzel gepackt werden, an ihrem Ursprung, beim ersten noch so kleinen Anzeichen, bevor sie uns überwältigt, solange unsere Schwäche sie noch in den Griff bekommen kann. Diesen Punkt des *clinamen* finden!

Beispiele

Die Wissenschaften erforschen die gewaltige Kraft der Dinge in der Welt, die sie zu verstehen versuchen, um sie zuweilen für Techniken oder wirksame Therapien fruchtbar zu machen; die Politik macht sich die von menschlichen Beziehungen erzeugte Gewalt zunutze; die Moral versucht, ihr Einhalt zu gebieten, die Religion, sie zu sublimieren. Politisch, ethisch, wissenschaftlich oder religiös, all diese energetischen Praktiken, diese vier Kulturformen haben mit der von der Gewalt, ihrer verhängnisvollen Ausrichtung freigesetzten Energie zu tun. Ebenso das Recht, ebenso das tragische Theater, selbst unsere Medien, die von nichts anderem sprechen, ergebene Diener und Erfüllungsgehilfen der von ihr angerichteten Verwüstungen, selbst der Sport ...

Methode

Wie lässt sich, in uns, Hass in schöpferische Energie, Aggression in Wohlwollen verwandeln, wie lassen sich, für uns, Brände in Heizenergie, Tornados in Wind in den Segeln, Überschwemmungen in Bewässerungskanäle und Wasserreservoirs, endlose Kriege in nachhaltigen Frieden, religiöse Konflikte in mystische Ekstase verwandeln? Wie können wir die Gewalt auf andere Ziele umlenken, ohne ihre Energie zu verlieren, sie für unser Handeln und Erkennen, für die soziale Organisation und die Ekstase nutzbar machen oder, wie Charles Péguy sagt, von der Politik zur Mystik übergehen?

Jene großen Werke, jene Lebenswege, Pilgerwege, Kreuzwege, Wüstendurchquerungen, Methoden – in ihnen liegt die unabschließbare und harte Geschichte all unserer Kulturen beschlossen. Ich habe oben von einer Metanomik gesprochen; sie könnte mit einer Beschreibung dieser Reisen, dieser geglückten oder gescheiterten Prozesse, dieser Transmutationen einsetzen, aus deren Gelingen wissenschaftliche Entdeckungen, meisterliche Gemälde, erhabene musikalische Kompositionen, tätige Nächstenliebe, seltener Friede unter den Völkern, kurz: lauter Entsprechungen zur Mystik erwachsen.

Von seinen ersten Zeilen an hat dieses Buch, ohne es zu ahnen, über diese Kraft nachgedacht: Hotspots, Explosionen im Herzen der Kathedralen, Bestattungsschauspiele, Auferstehung ... Lesen Sie es als Abhandlung über die Energie.

Verluste, Abfälle, Entropie

Wir wissen um die Errungenschaften der Wissenschaften, wir erfreuen uns an ihren großartigen Anwendungsmöglichkeiten, aber sie können sich in Hiroshima oder in die zerstörerische Verschmutzung der Welt und der Lebewesen in ihr verkehren. Wir haben schon bei Machiavelli und zumal in der *Ilias* gelernt, wozu politische Gewalt imstande ist und was es mit der Bemühung um Frieden auf sich hat, die sich ihrerseits in tyrannische Regime oder unaufhörliche Kriege verkehren kann. Wir verhalten uns moralisch, manchmal mit Müh und Not, indem wir unsere aggressive Grausamkeit, unsere Erbsünde in schöpferisches Handeln verwandeln. Die Religion wiederum, die diesem Buch den Weg weist, artet mitunter in Sektenkriege oder das Errichten von Scheiterhaufen aus.

Es ist merkwürdig, wie sich die Wege einmal mehr gleichen: Wissenschaft, Politik, Ethik, Religion – in gewisser Weise ist es ihre geteilte Absicht, die Energie zu sublimieren, die Gewalt sanft zu machen. Gelingt es ihnen, hinterlassen sie am Wegesrand Überbleibsel oder Residuen der Gewalt, der allgegenwärtigen, nie ruhenden, unersättlichen Erbsünde. Satan wehrt sich, er kämpft, schlägt um sich, bricht die Waffenruhe.

So navigieren die Wissenschaften zwischen den informationserzeugenden und leuchtenden mathematischen Formeln oder den durch Technik erzeugten Annehmlichkeiten und, ich wiederhole es, der Katastrophe von Nagasaki hindurch; die Politik schwankt zwischen dem Geistlichen und dem Weltlichen; die Ethik verkommt unter der Maske der Güte in Heuchelei. Und was verbindet die sanfte Ekstase der Mystik mit den Religionskriegen? Sanfte Ziele, harte Abfallprodukte.

Ebenso verfällt die Energie der Entropie und erzeugt nur sehr selten Negentropie oder Information. Die verhängnisvolle Abdrift, die Energie mit der Zeit der Entropie überantwortet, das ist der Stoff, aus dem unser Leben ist; in den seltensten Fällen bringt uns die Negentropie, die sie mit sich führen kann, in ebenso intensiven wie kurzen Momenten dazu, zu denken, ja manchmal etwas zu erfinden.

Folgen wir diesen steinigen Wegen der Energieumwandlung, die von der Gewalt, der schwarzen Energie, zum Frieden, zur schöpferischen Kraft, führen. Heraklit bittet an das Herdfeuer seiner Küche, um uns zu sagen, dass auch hier die Götter zu Hause sind. In Feuerzungen kommt der Heilige Geist an Pfingsten über die Apostel, die vor einer bunt gemischten Menge beginnen, in »Zungen« oder »Sprachen« zu sprechen: von der Sprache des Feuers zum Wunder der universalen Verständigung. Kognitiv und religiös, jedenfalls energiegeladen, werden diese kurzen und dichten Geschichten nie aufhören, sich zu entfalten. Sie fassen dieses Buch zusammen, das zu beschreiben versucht, wie man vom Feuer, das heißt von der Energie, zum Religiösen, aber auch zu unterschiedlichen Kulturformen kommt.

In den Tiefen einer Höhle lässt Platon ähnliche Flammen auflodern, im Dunkel, hinter den Gefangenen, die später, von den trügerischen Schatten befreit, aus der Höhle treten und von der strahlenden Sonne des Wahren geblendet werden: Gang von der Unwissenheit zur Erkenntnis, ja, konkret gesprochen aber vom Brennenden zum Leuchtenden. An einem Kamin, dessen Energie abermals brennt und wärmt, unternimmt auch Descartes seinen Versuch eines wachsenden Zweifels und kämpft mit einem *genius malignus*, der stark an Satan erinnert, um am Ende in sich selbst eine Wahrheit zu entdecken, deren Bürge Gott selbst ist. Vom Big Bang, dem Urfeuer, das ungeheure Energien in sich birgt, zur Kosmologie, die diesen Prozess zu erklären weiß.

Was genau unterscheidet diese Wege aller Art von den Pilgerreisen jenes Johannes vom Kreuz, der durch finstere Nacht irrt, bevor er auf dem Gipfel des Bergs Karmel die mystische Ekstase entdeckt? Oder vom Lebensweg des Franz von Assisi, der durch elende Nacktheit hindurch zur vollkommenen Freude findet? Der gleiche Transfer zwischen Brennen und Licht. Das Göttliche und das Leuchtende, die im latinisierten Griechischen auf die gleiche Wurzel zurückgehen, gehören zusammen. Manchmal frage ich mich sogar, ob der von Hegel und Marx dargestellte Gang der Geschichte, der den des Joachim de Fiore reproduziert, um sich durch zahllose Prüfungen des Negativen, durch den Klassenkampf oder durch eine die Dynamik mimende Dialektik hindurch im Reich des absoluten Geistes oder der klassenlosen Gesellschaft zu vollenden, ob also dieser Gang nicht immer noch das gleiche Schema wiederholt, das des Gangs auf den Kalvarienberg mit all seinen Stürzen, der Auferstehung entgegen. Von den Scheiterhaufen der Inquisition zur Herrschaft der Aufklärung, von der quälenden Flamme der Unwahrheit zur göttlichen Klarheit der Wahrheit …

Wie die Religion zum Ablasshandel oder zum Tribunal verkommen kann, dessen törichte Entscheidungen die Häresie verurteilen, so droht heute die Grundlagenwissenschaft, häufig unter der Leitung fachfremder Administratoren, zu einer Jagd auf Werkverträge zu werden, die sich in barer Münze auszahlen. Versetzt man die Wissenschaften in eine vom Finanzwesen beherrschte Welt, wird die Wahrheitssuche von Gewinnstreben und Ruhmsucht verdrängt. Das Vertikale begibt sich in die Horizontale. Dann müssen die biblischen Propheten das hebräische Volk von seinen falschen Göttern befreien, dann muss die heilige Reinheit die Flammen des Sakralen löschen; dann muss die sogenannte bürgerliche, aber wahre Wissenschaft Mitschurin und Lyssenko, die von der sowjetischen Ideologie bestellten Scharlatane, ersetzen.

Die vielköpfige, dichtgedrängte Wissenschaftsgemeinschaft gibt es nur dank einiger weniger Erfinder. Die vielköpfigen, dichtgedrängten Religionsgemeinschaften gibt es nur dank einiger weniger Mystiker. Die Politik ist zu ihrem Unglück ihrer Natur und Funktion nach unfähig, aus den horizontalen Beziehungen herauszutreten, in denen die Gewalt in ewiger Wiederkehr zirkuliert.

Der Sündenbock

Die von René Girard entfaltete These beschreibt unübertrefflich die Ausbreitung dieser Dynamik im Herzen des sakralen Bezirks. Gleichsam verpuppt, bricht die gesellschaftliche Gewalt in einem Krisenmoment aus und löst sich durch den Lynchmord an einem Sündenbock auf. Durch diesen Mord wird das Problem freilich nur verlagert. Sobald der Frieden vorüber ist, wird die latent stets gegenwärtige Gewalt erneut ausbrechen, bei der nächstbesten Krisengelegenheit, als würde sie sich auf der immanenten, horizontalen Ebene, auf der Gruppen und Gemeinschaften sich bilden, in ewiger Wiederkehr fortschreiben. Es wird also leider kein Opfer, Christus eingeschlossen, das letzte gewesen sein. Und doch ist der Messias gestorben, um *alle Sünden der Welt zu tilgen*, und hätte folglich der letzte zum Tode Verurteilte sein müssen, in einer fortan von aller Gewalt gereinigten Geschichte; und doch hat er gesagt: »Weg mit dir, Satan!« – während wir seit jenem Karfreitag nicht eine einzige Gruppe, Gemeinschaft oder Nation erlebt haben, die nie Kriege erklärt, Unschuldige verurteilt und Minderheiten verfolgt, Kinder und Frauen belästigt oder vergewaltigt hätte.

Das Schema Girards, das von universaler räumlicher wie historischer Verbreitung ist, reproduziert sich also unablässig, wie Systole und Diastole; es breitet sich aus wie eine Welle: *Die diffus verteilte bösartige Gewalt wird zur lokalen, aber einmal lokalisiert, verteilt sie sich wieder, um erneut zur lokalen Gewalt zu werden.* Wie ein brüllender Löwe, der Ausschau hält, wen er fressen kann, streift sie umher, *tamquam leo rugiens circuit quaerens quem devoret*. Sie geht um, im Kreis, im Kreislauf ihrer ewigen Wiederkehr. Werden wir uns davon je befreien? Der in der Komplet gesungene Psalm 90 erzählt in eindringlichen Bildern von diesem ewigen Kampf, der jeden Abend neu geführt werden will, im Innersten meiner Seele ebenso wie in sozialen und durch soziale Beziehungen.

Auf dem Weg

Ein Kampf, in dem sich der beschwerliche und steile, vertikale Weg zur Heiligkeit auftut, die sich bemüht, die Zähne des Löwen hinter sich zu lassen. In der Scuola di San Giorgio degli Schiavoni in Venedig hängt ein Gemälde von Carpaccio, das den heiligen Hieronymus zeigt, wie er eine klösterliche Gemeinschaft betritt, gefolgt von dem wilden Tier, das er gezähmt hat und vor dem seine Mitbrüder dennoch mit wehenden Gewändern Reißaus nehmen. Die Bösartigkeit auslöschen, die Kraft aber bewahren, indem man sie umlenkt.

Während ich die horizontale Ebene der Immanenz beschreibe, auf der das wilde Tier umherstreift, und die vertikale Sphäre, in der Frieden herrscht, bedauere ich, dass die Psychologen sich des Begriffs der *Sublimierung* bemächtigt haben, bei der es sich um ebendiesen Prozess handelt, den ich meinerseits der Psychopathologie behutsam wieder entwende.

Die befreiten Sklaven

Ich habe an anderer Stelle zu sagen versucht, dass die ganze Folge der Gemälde in jener kleinen Kirche in Venedig nichts anderes als diesen Weg beschreibt: vom Drachen, der auf den Knochen seiner Opfer herumtrampelt über den domestizierten Löwen bis zu dem freundlichen kleinen Hund, der zum entrückten Augustinus in seiner Zelle aufschaut. Drei Tiere, wild, gezähmt, domestiziert. Stets der gleiche verschlungene, beschwerliche Weg, den ich oben beschrieben habe, vom Feuer der Schlacht über die Besänftigung der Grausamkeit bis zum Geistlichen des Gebets. Wie ließe sich der allem Kampf enthobene, vom Propheten beschriebene Gipfel des heiligen Bergs erklimmen, auf dem der Löwe mit dem Lamm spielt? *Conculcabis leonem et draconem*, den Löwen und den Drachen wirst du zertreten. Zu unserem Unglück führt der Kampf, selbst der heldenhafte und verherrlichte, ob er diffus in der Gruppe verteilt ist oder sich gegen ein Opfer kehrt, nur zur Perpetuierung der Gewalt. Ob auf der des Engels oder des Tiers – auf der einen oder der anderen Seite kämpft jeder. Nein, sehen Sie darin nicht den Kampf des Guten gegen das Böse, sondern zwei Antagonisten, die das Böse *tun*, das Böse *schaffen*. Ob jeder gegen jeden kämpft, oder alle gegen einen, alle zusammen *schaffen sie* das Böse. Der Frieden besteht darin, das Schwert niemals anzurühren. Wenn du geschlagen wirst, so halte die andere Wange hin …

Dieser lange Weg der *Konversion*, von den zuckenden Flammen der Hölle bis zum heiteren Licht des Paradieses, ist derselbe, den Dante uns in seiner *Göttlichen Komödie* vor Augen führt. Eine der tiefsten Einsichten, an denen dieses großartige Werk reich ist, wirft ein unbarmherziges Licht auf jene Erfahrung, die zu kennen der Autor dieses Buchs gern gesteht, eine gewiss ausgesprochene, rezitierte, aber zugleich von dem Reisenden, der sich auf diese Pilgerfahrt begeben hat, wirklich erlebte Erfahrung. Ist er derselbe? Ich weiß es nicht, denn zwischen dem, der spricht, erzählt und manchmal Ratschläge erteilt, und dem Reisenden, der *auf dem gleichen Weg* beherzt vorwärts geht und häufig stolpert, klafft ein Abgrund. Ja, mehr und besser zu verstehen, bringt den Pilger auf dieser langen Reise kein Stück voran. Als ich gesagt habe, diese Reise gleiche einem Exodus eher als einer Methode, hatte ich noch nicht den Text der Bibel im Sinn, der vom Auszug der Hebräer aus Ägypten und ihrer Durchquerung der Wüste vor der Ankunft im Gelobten

Land erzählt. Die Wüste, unfruchtbar und trocken, beschwört einen Ort herauf, an dem jede lebendige und jede böse Energie erlischt. Die gleichen Seiten unterscheiden zudem auf bewundernswerte Weise zwischen dem, der auf die Karte schaut, um sie zu beschreiben, und denen, die durstig durch das Ödland wandern: Auf dem Berg sagt Gott tatsächlich zu Moses, dass er ihm den Weg und das Land Kanaan zeigen, er, Moses, es aber nie erreichen werde.

Dante wiederum beschreibt das Purgatorium als Reich des Geistes, das nur eine Stufe ist, die sich auf die Erkenntnis beschränkt. Über diese Stufe hinauszugehen, ist nur durch eine Verwandlung möglich. Durch einen gefährlichen Sprung, einen Tod, eine Auferstehung? Wenn ich die Karte der Reise zeichne, kann ich unbegrenzt immer genauere Analysen aneinanderreihen, die den Verstand und die Vernunft erfreuen – und dann? Dann wäre ich, wie ich mir immer wieder gesagt habe, keinen Schritt weiter. Mit überragender Intelligenz mag man in der Immanenz glänzen, aber sie hilft nicht im mindesten dabei, einen Zugang zur Transzendenz zu eröffnen, einen Durchgang, eine Schleuse, einen Pass oder eine Meerenge, die sie allein nicht finden kann. Sie sitzt im Purgatorium fest. Mein Wissen ist nur ein Fegefeuer.

Dort, wo er die Ordnung des Geistes von der der Barmherzigkeit absetzt, indem er die eine der anderen nachordnet und eine unendliche Differenz zwischen beiden annimmt, kommt Pascal zu einem ähnlichen Urteil. Auch der Fürst der Gelehrten, Archimedes selbst, sagt er, findet als solcher keinen Zugang zur Ordnung Jesu Christi. Der heilige Anselm hat den

Glauben beschrieben, der Erkenntnis sucht, *fides quaerens intellectum*. Nichts leichter als diese Suche. Dass aber umgekehrt der Intellekt den Glauben sucht, ist ein unermessliches Abenteuer, ein versperrter oder unendlicher Weg.

Unüberwindbares Hindernis

René Girard beschreibt zu Recht jenen Opferbrauch als einen, mit dem sich der Entfesselung der Gewalt Einhalt gebieten lässt. Aber diese universale, historisch konstante Lösung bleibt, wie ich gesagt habe, eine periodische, regelmäßig wiederkehrende. Der Löwe wird wieder aufwachen. Andererseits habe ich, haben wir, hat zweifellos niemand eine Lösung, die der Gewalt ein für alle Mal ein Ende setzen könnte. Der Löwe außerhalb jenes naiven und beschwichtigenden Bildes, der wirkliche Löwe, zählt keineswegs zu den domestizierbaren Tieren. Er wird nicht aufhören, zu brüllen und Ausschau zu halten, wen er fressen kann. Das ist auf jener Pilgerfahrt das Hindernis, die Mauer, die Lücke, die Kluft, die nichts und niemand überwinden kann.

Aber es ist ebendiese Lücke, dieser bodenlose Schacht, dieses Puteal, dieser Hotspot, dieses leere Grab, über dem die Achse der Transzendenz in die Höhe ragt. Das Loch in der Horizontalen ist es, in dem das Vertikale sich auftut. Indem er dem Kreislauf von Passion, Tod und Hass das Wunder der Auferstehung hinzufügt, weist Christus vielleicht diesen hohen Weg. Denn es braucht mindestens einen grenzenlosen, unendlichen Gott, um uns zu helfen, diesen Abgrund zu überwinden, dieses Fehlen einer individuellen, kollektiven, menschlichen, auf der horizontalen Ebene der Immanenz verfügbaren Antwort auf die Frage der anhaltenden, unbegrenzten, kein Ende findenden Gewalt. Ein Gott des Zorns und der Rache würde sie bloß verewigen; ein Gott der Liebe löscht sie für immer aus.

Gott, erlöse *uns* von dem Bösen. Da diese kollektive oder politische Erlösung noch aussteht, bleibt diese Anrufung eine Bitte, ein Gebet, so etwas wie ein Flehen, ein Hinweis auch auf einen möglichen, ersehnten Weg. Gibt es dennoch einen Fall, in dem nicht das Kollektiv, aber das Individuum sich von dieser Gewalt befreit? Mehrere. Vielleicht ist es ebendieser Stand der Erlösung vom Bösen, der die Heiligkeit definiert und ein Leben, Handeln, Fühlen und Denken eröffnet, die stets von Energie erfüllt, aber nie böse, nie auf das Böse ausgerichtet sind. Die Heiligen verbreiten Frieden. Dürfen wir darauf hoffen, dass sie, zahlreich, am Ende ein neues Zeitalter der Geschichte einläuten, einer neuen Menschheit zur Geburt verhelfen könnten? Und mehr noch: In der mystischen Ekstase, die in allen Religionen gegenwärtig und wirksam, also universal ist, erfüllt die Gegenwart Gottes oder des Göttlichen diejenigen, die sie leben, mit einer souveränen, vollkommenen, friedlichen, mit einer von allem Bösen erlösten, begnadeten Freude.

Agen 1945/Vincennes 2019

edition suhrkamp
Eine Auswahl

Bini Adamczak. Beziehungsweise Revolution. 1917, 1968 und kommende. es 2721. 313 Seiten

Bruno Amable / Stefano Palombarini. Von Mitterrand zu Macron. Über den Kollaps des französischen Parteiensystems. es 2727. 255 Seiten

Perry Anderson. Hegemonie. Konjunkturen eines Begriffs. es 2724. 249 Seiten

Scott Anderson. Zerbrochene Länder. Wie die arabische Welt aus den Fugen geriet. es-Sonderdruck. 263 Seiten

Wolfgang Bauer
- Bruchzone. Krisenreportagen. es-Sonderdruck. 349 Seiten
- Über das Meer. Mit Syrern auf der Flucht nach Europa. es-Sonderdruck. 133 Seiten

Zygmunt Bauman
- Die Angst vor den anderen. Ein Essay über Migration und Panikmache. es-Sonderdruck. 124 Seiten
- Retrotopia. es-Sonderdruck. 220 Seiten

Aaron Benanav. Automatisierung und die Zukunft der Arbeit. es 2770. 220 Seiten

Nora Bossong. Auch morgen. Politische Texte. es 2773. 194 Seiten

NF 383/1/10.21

Michael Butter. »Nichts ist, wie es scheint«. Über Verschwörungstheorien. es-Sonderdruck. 270 Seiten

Colin Crouch
- Gig Economy. Prekäre Arbeit im Zeitalter von Uber, Minijobs & Co. es 2742. 135 Seiten
- Postdemokratie. es 2540. 159 Seiten

Adrian Daub. Was das Valley denken nennt. Über die Ideologie der Techbranche. es 2750. 158 Seiten

Didier Eribon
- Gesellschaft als Urteil. Klassen, Identitäten, Wege. es-Sonderdruck. 264 Seiten
- Rückkehr nach Reims. es-Sonderdruck. 237 Seiten

Heiner Flassbeck / Paul Steinhardt. Gescheiterte Globalisierung. Ungleichheit, Geld und die Renaissance des Staates. es 2722. 410 Seiten

Heinrich Geiselberger (Hg.). Die große Regression. Eine internationale Debatte über die geistige Situation der Zeit. es-Sonderdruck. 318 Seiten

Masha Gessen. Leben mit Exil. Über Migration sprechen. 98 Seiten

Kristen R. Ghodsee. Warum Frauen im Sozialismus besseren Sex haben. Und andere Argumente für ökonomische Unabhängigkeit. es-Sonderdruck. 275 Seiten

Marius Goldhorn. Park. Roman. es 2764. 179 Seiten

Mark Greif. Bluescreen. Essays. es 2629. 231 Seiten

NF 383/2/10.21

Jürgen Habermas. Im Sog der Technokratie. Kleine politische Schriften XII. es 2671. 193 Seiten

Lea Haller. Transithandel. Geld- und Warenströme im globalen Kapitalismus. es 2731. 512 Seiten

Sabine Hark. Gemeinschaft der Ungewählten. Umrisse eines politischen Ethos der Kohabitation. es 2774. 271 Seiten

David Harvey. Rebellische Städte. es 2657. 283 Seiten

Wilhelm Heitmeyer. Autoritäre Versuchungen. Signaturen der Bedrohung 1. es 2717. 394 Seiten

Axel Honneth. Vivisektionen eines Zeitalters. Porträts zur Ideengeschichte des 20. Jahrhunderts. es 2678. 307 Seiten

Eva Illouz. Israel. Soziologische Essays. es 2683. 228 Seiten

Dirk Jörke. Die Größe der Demokratie. Über die räumliche Dimension von Herrschaft und Partizipation. es 2739. 280 Seiten

François Jullien. Es gibt keine kulturelle Identität. es 2718. 95 Seiten

Susanne Kaiser. Politische Männlichkeit. Wie Incels, Fundamentalisten und Autoritäre für das Patriarchat mobilmachen. es 2765. 268 Seiten

Ariane Koch. Die Aufdrängung. Roman. es 2784. 179 Seiten

Ivan Krastev. Europadämmerung. Ein Essay. es 2712. 143 Seiten

NF 383/3/10.21

Benjamin Kunkel. Utopie oder Untergang. Ein Wegweiser für die gegenwärtige Krise. es 2687. 245 Seiten

Bruno Latour
- Das terrestrische Manifest. es-Sonderdruck. 136 Seiten
- Wo bin ich? Lektionen aus dem Lockdown. es 2771. 199 Seiten

Philipp Lepenies. Die Macht der einen Zahl. Eine politische Geschichte des Bruttoinlandsprodukts. es 2673. 186 Seiten

Enis Maci. Eiscafé Europa. Essays. es 2726. 240 Seiten

Philip Manow
- Die Politische Ökonomie des Populismus. es 2728. 160 Seiten
- (Ent-)Demokratisierung der Demokratie. 160 Seiten

Lorenzo Marsili/Niccolò Milanese. Wir heimatlosen Weltbürger. es 2736. 280 Seiten

Steffen Mau. Das metrische Wir. Über die Quantifizierung des Sozialen. es-Sonderdruck. 307 Seiten

Nicole Mayer-Ahuja/Oliver Nachtwey (Hg.). Verkannte Leistungsträger:innen. Berichte aus der Klassengesellschaft. es-Sonderdruck. 567 Seiten

Luuk van Middelaar. Das europäische Pandämonium. Was die Pandemie über den Zustand der EU enthüllt. es 2763. 202 Seiten

Robert Misik. Die falschen Freunde der einfachen Leute. es 2741. 138 Seiten

NF 383/4/10.21

Franco Moretti. Kurven, Karten, Stammbäume. Abstrakte Modelle für die Literaturgeschichte. es 2564. 138 Seiten

Chantal Mouffe. Für einen linken Populismus. es 2729. 111 Seiten

Jan-Werner Müller
- Furcht und Freiheit. Für einen anderen Liberalismus. es-Sonderdruck. 170 Seiten
- Was ist Populismus? Ein Essay. es-Sonderdruck. 159 Seiten

Oliver Nachtwey. Die Abstiegsgesellschaft. Über das Aufbegehren in der regressiven Moderne. es 2682. 263 Seiten

Ole Nymoen/Wolfgang M. Schmitt. Influencer. Die Ideologie der Werbekörper. es-Sonderdruck. 191 Seiten

Miltiadis Oulios. Blackbox Abschiebung. Geschichte, Theorie und Praxis der deutschen Migrationspolitik. es-Sonderdruck. 483 Seiten

Volker Perthes. Das Ende des Nahen Ostens, wie wir ihn kennen. es-Sonderdruck. 143 Seiten

Paul B. Preciado. Ein Apartment auf dem Uranus. Chroniken eines Übergangs. es-Sonderdruck. 368 Seiten

Adam Przeworski. Krisen der Demokratie. es 2751. 256 Seiten

Jedediah Purdy. Die Welt und wir. Politik im Anthropozän. es-Sonderdruck. 186 Seiten

NF 383/5/10.21

Hanno Rauterberg
- Die Kunst und das gute Leben. Über die Ethik der Ästhetik. es 2696. 205 Seiten
- Wie frei ist die Kunst? Der neue Kulturkampf und die Krise des Liberalismus. es 2725. 141 Seiten

Andreas Reckwitz. Das Ende der Illusionen. Politik, Ökonomie und Kultur in der Spätmoderne. es 2735. 305 Seiten

César Rendueles
- Kanaillen-Kapitalismus. Eine literarische Reise durch die Geschichte der freien Marktwirtschaft. es 2737. 300 Seiten
- Soziophobie. Politischer Wandel im Zeitalter der Utopie. es 2690. 262 Seiten

Rachel Salamander. Heine und der deutsche Donner. Heine-Preis 2020. Laudatio: Frank-Walter Steinmeier. es-Sonderdruck. 48 Seiten

Ulrich Schmid. Technologien der Seele. Vom Verfertigen der Wahrheit in der russischen Gegenwartskultur. es 2702. 386 Seiten

Michel Serres. Was genau war früher besser? Ein optimistischer Wutanfall. es-Sonderdruck. 80 Seiten

Olga Shparaga. Die Revolution hat ein weibliches Gesicht. Der Fall Belarus. es 2769. 231 Seiten

Philipp Staab. Digitaler Kapitalismus. Markt und Herrschaft in der Ökonomie der Unknappheit. es-Sonderdruck. 345 Seiten

NF 383/6/10.21

Carlo Strenger
- Abenteuer Freiheit. Ein Wegweiser für unsichere Zeiten. es-Sonderdruck. 122 Seiten
- Diese verdammten liberalen Eliten. Wer sie sind und warum wir sie brauchen. es-Sonderdruck. 172 Seiten

Natascha Strobl. Radikalisierter Konservatismus. Eine Analyse. es 2782. 192 Seiten

Kate Tempest
- Brand New Ancients/Brandneue Klassiker. Lyrik. es 2733. 103 Seiten
- Let Them Eat Chaos. Sollen sie doch Chaos fressen. es 2754. 154 Seiten

Philipp Ther. Das andere Ende der Geschichte. Über die Große Transformation. es 2744. 199 Seiten

David Van Reybrouck. Zink. es-Sonderdruck. 86 Seiten

Raul Zelik. Wir Untoten des Kapitals. Über politische Monster und einen grünen Sozialismus. es 2746. 328 Seiten

Gabriel Zucman. Steueroasen. Wo der Wohlstand der Nationen versteckt wird. es-Sonderdruck. 118 Seiten

NF 383/7/10.21